DELIUS KLASING

WOLFGANG SCHIRMER

ABENTEUER HAFEN HAMBURG

DELIUS KLASING VERLAG

INHALT

AIDAaura
www.aida.de

VORWORT

Seite 4:
Die nach historischen Plänen wiederaufgebaute Altonaer Fischauktionshalle an der Großen Elbstraße wird ganzjährig für verschiedenste Veranstaltungen genutzt. Während des sonntäglichen Fischmarktes findet hier ein musikalischer Frühschoppen statt.

Links:
Angestrahlt vom Licht der tief stehenden Abendsonne läuft die »AIDAaura« zu einer neuen Reise in Richtung Nordsee aus. Für viele Kreuzfahrtschiffe ist Hamburg ein attraktives Etappenziel. Aus diesem Grund erweitert die Hansestadt Hamburg das Angebot an Liegeplätzen und baut ein zusätzliches Kreuzfahrt-Terminal im Fischereihafen.

Der Hamburger Hafen im Wandel

Der Hamburger Hafen ist ein faszinierender Ort voller Dynamik. Fast täglich verändert sich das Bild der neuen HafenCity. Die Freihafengrenzen werden aufgelöst und mit ihnen wechseln die Unternehmen, die Dienstleistungen, die Berufe und die Menschen, die hier arbeiten.

Rund um die Uhr, 24 Stunden lang, läuft der Hafenbetrieb. Das war schon immer so, aber die enormen städtebaulichen Maßnahmen haben vieles grundlegend verändert und einen neuen Stadtteil geschaffen. Der Hafen ist schon lange nicht mehr nur Umschlagplatz für Güter aus aller Welt, sondern auch Wohnort, Eventgelände und Vergnügungsviertel.

Die Menschen, die heute hier leben und arbeiten, nehmen aktiv teil an diesem dynamischen Entwicklungsprozess. Mit ihrer Arbeit bringen sie Bewegung in den Hafen. Sie sind der eigentliche Motor dieser Stadt. Nirgendwo sonst sind Arbeit und Vergnügen, Kunst und Kommerz, romantische Nostalgie und Hightech so eng miteinander verbunden. Nirgendwo sonst schlägt der Puls der Metropole stärker als hier entlang der Hafenmeile. Wer will, kann täglich etwas Neues entdecken und sein eigenes kleines Abenteuer finden.

Viele Berufe gibt es im Hafen — bekannte und unbekannte. Die moderne Seefahrt hat die traditionellen Hafenberufe stark verändert. Viele der typischen Berufe gibt es längst nicht mehr. Heute sind überwiegend hochqualifizierte Spezialisten gefragt.

So wie der Container den Seehandel revolutioniert hat, hat sich auch die Arbeit der Hafenbetriebe gewandelt. Große Containerschiffe mit zehntausend Containern werden heute größtenteils automatisiert entladen. Das hat viele Arbeitsplätze gekostet, aber auch andere maritime Berufe haben die Entwicklung der immer schneller werdenden Hafenwirtschaft nicht schadlos überstanden.

Dafür sind neue Arbeitsplätze entstanden. Internationale Handels- und Schifffahrtsunternehmen, Medienunternehmen, Banken, Gastronomen, Theater, Museen und Künstler haben die maritime Welt am Wasser für sich entdeckt. Die Änderung der Freihafenzone und die moderne Architektur in der HafenCity haben inzwischen auch manches hafenuntypische Unternehmen dazu bewogen, hierher zu wechseln.

Ein zusätzlicher Wachstumsmotor im Bereich der Hafenwirtschaft ist das Tourismusgeschäft. Trotz Finanz- und Wirtschaftskrise freuen sich nicht nur

Links:
Nach wie vor ein Publikumsmagnet: Die Hamburger Speicherstadt ist der größte zusammenhängende Lagerhauskomplex der Welt. Grüne Kupferdächer zieren Giebel und Türmchen. Die historischen Speicherblöcke, im Stil wilhelminischer Backsteingotik errichtet, stammen aus der Gründerzeit.

Barkassenbetriebe und Hotels über steigende Besucherzahlen. Der Hamburger Hafen hat durch seine vielen kulturellen Attraktionen nochmals an Beliebtheit gewonnen. Musicals, Theater, die größte Modelleisenbahn der Welt, Schiffstaufen oder der jährliche Hafengeburtstag ziehen die Besucher magisch an. Nicht umsonst rangiert die Hansestadt bei deutschen und ausländischen Besuchern in der Favoritenliste ganz vorn und ist eins der beliebtesten deutschen Reiseziele.

Interessante Menschen, unbekannte Orte

Je länger man sich im Hafen aufhält, umso mehr Details entdeckt man. Und wer, wie ich, einen Bildband über den Hafen macht, sollte sich viel Zeit nehmen. Nur so lernt man die Menschen kennen, die hier auf unterschiedliche Art und Weise ihren Beschäftigungen nachgehen. Dabei haben mich vor allem die Gegensätze interessiert, von denen es so viele gibt.

In meinem Bildband finden Sie einen kleinen Querschnitt durch die neue bunte Hafenwelt, ausgewählt nach Vielfalt und Kontrast, gemischt aus Tradition und Neuzeit, Bekanntem und Unbekanntem. So entstanden interessante Bilder und eine Sammlung wissenswerter Informationen zum Alltag der Hafenlotsen, über die Arbeit der Hafenschlepper oder über das Management eines Welthafens. Ich habe Hamburgs Hafenkapitän bei seiner Arbeit begleitet und morgens um halbfünf das eilige Entladen von Frischfisch am Fischmarkt beobachtet. Auf dem Gelände einer alten Farbenfarbik am Hafenrand habe ich den Stahldesigner Felix Hellenkamp getroffen, der maritime Objekte baut. Nachts habe ich die Filmproduktion »soul kitchen« von Kultregisseur Fatih Akin in Wilhelmsburg besucht. Mit Käpt'n Schwarz, einem wahren »He lücht«*, und seiner »Tonne«, einer ehemaligen HADAG-Fähre, bin ich auf dem Köhlbrand gefahren und bei Sternekoch Karlheinz Hauser auf dem Süllberg, »dem Gipfel der Genüsse«, gewesen.

Und ich habe noch weitere kulinarische und optische Highlights gefunden.

Ein richtiges Schlaraffenland für alle Teeliebhaber ist das »Momentum« in der HafenCity. In der einzigartigen Erlebniswelt kann man die unterschiedlichsten Teespezialitäten probieren, Sandra Nikolei, einer Tee-Testerin, bei der Teeverkostung über die Schulter sehen oder im multimedialen Teemuseum einen Streifzug durch fünftausend Jahre Teegeschichte machen. Wem dann, nach feinem Teegenuss und Teekultur, der Sinn nach etwas Rustikalem steht, der sollte Richtung Landungsbrücken gehen. Dort am

*»He lücht« ist Plattdeutsch und heißt »er lügt«. In Hamburg werden die Barkassenführer »He lücht« genannt, die in humorvoller Weise Touristen den Hamburger Hafen erklären und dabei schon mal das eine oder andere nicht ganz wahrheitsgetreu erläutern »...wir kommen jetzt zum Kaispeicher B. Hier werden die Bananen aus Brasilien, die in gerader Form angeliefert werden, alle mühevoll von Hand gebogen«.

HANS

Links:
Jedes Jahr im Mai lockt der Hamburger Hafengeburtstag Hunderttausende von Besuchern in den Hafen. Einer der absoluten Höhepunkte ist das traditionelle Schlepperballett vor den St. Pauli Landungsbrücken. Eine knappe Stunde »tanzen« die bis zu 5000 PS starken Schlepper, begleitet von klassischer Musik, rollend und stampfend durch die Wellen.

Imbiss von Käpt'n Schwarz, am alten Elbtunnel, gibt es leckere Fischbrötchen und die Gelegenheit zu einer unvergesslichen Hafenrundfahrt.

Neben seinen vielen bekannten Attraktionen gibt es im Hafen aber auch unbekannte Orte, die es zu entdecken lohnt. Einer dieser Orte ist sicherlich der Schrott- und Abwrackplatz von Heiko Miersen.

Hinter hohen Flutschutzmauern und umgeben von wild wuchernder Elbnatur liegt der Platz versteckt am Ende einer Sackgasse. In unmittelbarer Nachbarschaft ragen die mächtigen Kräne der Großbaustelle des neuen Kohlekraftwerks Moorburg in den Himmel. Die Zufahrt zum Grundstück weisen ein bunt bemalter Schiffstorso und die rostige Silhouette eines Matrosen. Große Bäume, Büsche und wuchernde Rank- und Schlinggewächse verbergen die Einsicht von der Straße. Im Norden begrenzt die Elbe, im Osten ein Wasserlauf den Platz. Ein altes Binnenschiff liegt bereit zum Abwracken am Ufer. Überall wird Schrott gelagert. Sortiert nach Material, Verwendungszweck und anderen Kriterien. Rostige Poller, Anker und Schiffsteile liegen umher. Ein wildes Durcheinander, das nur der Eingeweihte durchschaut. Ein einmaliger Ort, skurill, morbide und mit einer eigentümlichen Atmosphäre. Ein guter Platz für eine Filmkulisse, angefüllt mit interessanten Requisiten. Wenn dann noch feuchte Nebelschwaden von der Elbe aufsteigend, das Ufer heraufkriechen, ist die Illusion perfekt – hier muss man einen Krimi drehen.

Hafenabenteuer ganz anderer Art erlebt man in der Welt der Nadelstreifen. Ein Beispiel dafür ist Ian Karan. Der aus Sri Lanka stammende Unternehmer ist Wahlhamburger, überzeugter Hanseat und ein überaus erfolgreicher Global Player. Seine »Capital Lease« schaffte es im Ranking der internationalen Container-Leasingunternehmen unter die ersten zehn. Seine Biografie liest sich wie ein Roman und beschreibt eine einzigartige Erfolgsstory, »vom Tellerwäscher zum Millionär«. Dabei hat nicht vergessen, dass man auch ein wenig Glück braucht, um so erfolgreich zu werden. Und ein Stück vom Glück teilt er mit anderen. Mit großem persönlichem Engagement fördert er die Bildung junger Migranten und unterstützt als großzügiger Mäzen soziale, kulturelle und sportliche Projekte in der Hansestadt.

Diese und andere Geschichten erzählen die Bilder in meinem Buch. »Abenteuer Hafen Hamburg« ist ein Bildband, der einen Blick hinter die Kulissen gewährt. Er lässt Sie an Leben und Arbeit in Deutschlands größtem Seehafen teilhaben – und lädt Sie ein, hier Ihr ganz persönliches Abenteuer zu starten.

SWL 7t

KAPITEL 1–12

» Der Weg ist das Ziel «

Unterwegs mit den Hamburger Hafenlotsen

1

GOTTWALD

Oben:
Im kleinen Rundgebäude mit den Panoramascheiben sitzt der diensthabende Wachleiter. Von hier hat man einen weiten Blick elbabwärts und in Richtung Hafen und City.

Links:
Kapitän und Lotse leiten hoch von der Brücke das Anlegemanöver. Während am Kai die Festmacher warten, wird das Schiff langsam mit den Schleppern immer näher an den Kai bugsiert.

Unten:
Bereits von Weitem zu erkennen: Das markante Backsteingebäude mit dem 28 Meter hohen Turm mit Uhr und Wasserstandsanzeige. In dem 1914 fertiggestellten Schumacher-Bau befindet sich die Geschäftsstelle und im vorgesetzten Rundgebäude die Einsatzzentrale der Hamburger Hafenlotsen.

»This is Hamburg Pilot – Welcome to Hamburg«

Das Funkgespräch mit dem Kapitän des gerade einlaufenden Frachters ist freundlich, aber kurz. Es ist »Rushhour« im Hamburger Hafen und der Wachleiter der Hafenlotsen hat alle Hände voll zu tun. Schon treffen die beiden für diesen Auftrag eingeteilten Lotsen, wetterfest gekleidet und mit Schwimmweste und Funkgerät ausgerüstet, in der Leitstelle ein. Es folgen ein paar letzte aktuelle Informationen und kurz darauf startet das Lotsenboot mit beiden in Richtung »Aufkommer«.

Ohne die tägliche Bereitschaft und den Einsatz der rund 75 Hamburger Hafenlotsen wäre ein Universalhafen wie der Hamburger Hafen wohl schnell handlungsunfähig. Und das Hafengebiet ist groß: 87 Quadratkilometer. Es reicht von der schleswig-holsteinischen Landesgrenze bei Wedel bis Oortkaten an der niedersächsischen Landesgrenze. Vierzig Hafenbecken, ein ausgedehntes Netz von Kanälen und rund vierhundert für Seeschiffe geeignete Liegeplätze gehören dazu.

Seit 1981 ist die Hafenlotsenbrüderschaft Hamburg eine Einrichtung öffentlichen Rechts. Die Strukturen des Beamtenrechts mit festen Dienstzeiten gibt es seitdem nicht mehr, der Einsatz der Hafenlotsen rund um die Uhr orientiert sich heute effektiv am Verkehrsaufkommen. Etwa 30 Hafenlotsen befinden sich in täglicher Rufbereitschaft und werden nach Bedarf von der Zentrale angefordert. Mal dauert es acht Stunden, mal geht es schneller, bis die erforderliche Zahl der Lotsungen erreicht wird. Feste Arbeitszeiten gibt es nicht. Die Lotsen arbeiten auf Abruf und lotsen pro Tag drei maximal vier Schiffe. Nach einer Woche Bereitschaft gibt es sechs freie Tage.

Der Verdienst eines Lotsen orientiert sich am Einkommen eines Kapitäns in der weltweiten Fahrt.

Die Anforderungen an den Lotsenberuf sind hoch. Die rasante Entwicklung der Navigations- und Informationstechniken und Schiffsantriebe muss stetig analysiert und die richtige Handhabung trainiert werden. Hinzu kommen die geografischen Besonderheiten eines Tidehafens, Gezeitenströmung, extreme Flach- oder Hochwassersituationen, Fahrrinnenverengungen oder Schlechtwetterperioden.

In Zusammenarbeit mit den Schlepperkapitänen und den Behörden werden spezielle Manöverstrategien, allgemeines Verkehrsmanagement und andere wichtige Situationen am Schiffssimulator in dem neuen Marine Training Center Hamburg (MTC) simuliert.

YK
LINE
LOTSE 2

FAIRPLAY VII

CONTAINER TERMINAL ALTENWERDER
CONTAINER TERMINAL ALTENWERDER
CONTAINER TERMINAL ALTENWERDER
ZPMC
CTA

Seiten 18/19:
Nachdem der Lotse das auslaufende Schiff verlassen hat, steuert das Lotsenboot mit hoher Geschwindigkeit bereits sein nächstes Ziel an. Zurzeit gibt es drei Barkassen, mit denen die Lotsen zwischen Blankenese und Teufelsbrück oder innerhalb des Hafens versetzt werden.

Bildfolge Ablegemanöver:

1. Der Schiffsmakler hat das Schiff ausdeklariert und den Lotsen angefordert. Abhängig vom Liegeplatz des Schiffes im Hafen und der aktuellen Verkehrslage bestellt der Wachleiter das Lotsentransportmittel. Bei »Abgängern« und landseitigem Zugang fährt der Lotse mit dem Taxi zum Hafenpier.

2. Während das An-Bord-Kommen bei »Aufkommern« nur wasserseitig über die von Gischt feuchte Lotsenleiter möglich ist, gelangt der Lotse landseitig vergleichsweise komfortabel über die Gangway an Bord.

3. Nach kurzer Begrüßung des Kapitäns beginnt die routinierte Abwicklung des Auslaufmanövers mit der Abstimmung der Anzahl und Größe der Assistenzschlepper.

4. Nur wenig später treffen die bestellten Schlepper ein und übernehmen ihre Positionen vorn und achtern. Nach dem Festmachen des Schleppgeschirrs kann das Ablegen beginnen.

5. Die Festmacherleinen sind gelöst und Kapitän und Lotse bewegen das Containerschiff mit Schlepperhilfe langsam weg vom Containerterminal in freies Fahrwasser.

6. Großes Bild links: Das Schiff hat die Fahrrinne erreicht und fährt mit eigener Kraft – von Schleppern assistiert – in Richtung Köhlbrandbrücke mit Kurs Elbstrom.

7. Der Rudergänger hat das Ruder übernommen und hält das Schiff auf dem von Kapitän und Lotse bestimmten Kurs. Sobald das Schiff freies Elbfahrwasser erreicht, verlässt der Hafenlotse das Schiff und übergibt die weitere Führung dem Kapitän und dem inzwischen eingetroffenen Elblotsen.

WIND SPEED
m/s
knots
KTS

CONTROL
STAND

Seiten 22/23:
Während das winterliche Panorama von Övelgönne und der Elbchaussee vorbeizieht, gilt die gesamte Aufmerksamkeit der beiden Hafenlotsen einzig dem Verkehr und Eisgang auf der Elbe. Von der Brücke eines 360-Meter-Schiffes, in 30 Meter Höhe, hat man einen großartigen Fernblick.

Links:
Vorbei am Schlepperponton Neumühlen läuft ein Tankschiff bei strahlendem Sommerwetter den Hamburger Hafen an.

Rechts oben:
Der Elblotse hat das Schiff an den Hafenlotsen übergeben und das Versetzboot »Lotse 2« bringt ihn zurück zu seiner Station in Teufelsbrück.

Rechts:
Längst keine reine Männerdomäne mehr: Auch Frauen arbeiten vermehrt im Hafenbereich und haben das Ruder fest im Griff.

Der Lotse an Bord hat längst nicht nur beratende Funktion, immer häufiger übernimmt er auch die nautische Führung des Schiffes. Damit wird er vom ortskundigen Berater zum Manager von Gefahrensituationen mit sehr hohem Risiko für die Sicherheit von Mensch, Schiff und Umwelt.

Es gibt nur wenige Berufsgruppen, die eine ähnlich hohe Verantwortung im täglichen Dienst haben wie die Lotsen, bei denen Entscheidungen in kürzester Zeit getroffen werden und Fehler unabsehbare Auswirkungen haben könnten.

Doch in der internationalen Seefahrt genießen die deutschen Lotsen hohes Vertrauen und ihr gutes »High Risk Management« und die souveräne Handhabung auch von Extremsituationen bestätigen sie als anerkannte Experten und vertrauensvolle Berater.

Wer in diese verantwortungsvolle Position hineingewählt wird, entscheidet die Brüderschaft der Hafenlotsen. Voraussetzung für eine erfolgreiche Bewerbung ist ein Kapitäns-Patent für Schiffe aller Größen in der weltweiten Fahrt sowie eine mindestens zweijährige Praxis. Die Ausbildung für das Hafenlotsrevier dauert acht Monate und wer sie erfolgreich abschließt, wird zum Hafenlotsen ernannt.

Zunächst mit kleineren Schiffen beginnend, lernen die neuen Hafenlotsen dann ihr Hafenrevier und die Eigenheiten der unterschiedlichsten Schiffsgrößen und -typen in der täglichen praktischen Arbeit kennen. Sechs weitere Jahre dauert es, bis der Lotse seine Erlaubnis zum Lotsen sämtlicher Schiffstypen erhält.

» It's tea time «

Teespezialitäten aus der HafenCity

2

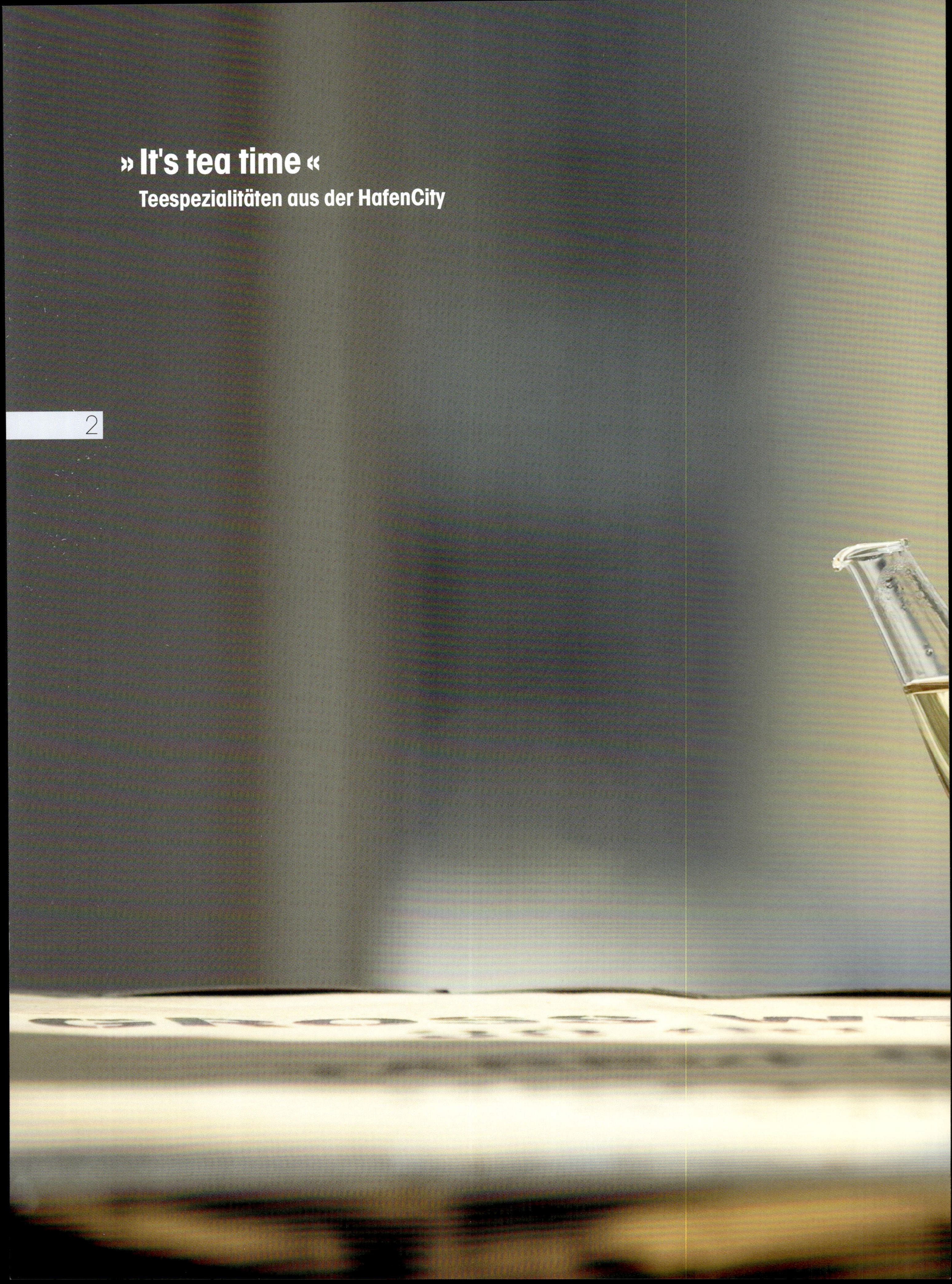

Oben:
Wenn Sandra Nikolei im »Momentum« am Kaiserkai Tee ausschenkt, gibt es garantiert etwas Besonderes. Schließlich ist sie Tea-Taster und kennt alle Vorzüge und Feinheiten der vielen Teespezialitäten, die man hier probieren kann.

Links:
Eine Farbe, die großen Genuss verspricht: Gold-orange leuchtet der frisch gebrühte Darjeeling Second Flush in der Porzellantasse.

Olymp für Teeliebhaber

Erst 2008 zogen sie hierher, ins Zentrum der neuen HafenCity. Innerhalb kürzester Zeit hat sich das »Meßmer Momentum« am Kaiserkai im Sandtorhafen zum beliebten Treffpunkt für Teefreunde aus aller Welt, Touristen, Hamburger und ihre Gäste entwickelt.

Hier dreht sich alles um die erlesenen grünen Blätter. »Two leaves and a bud«, das sind die zwei Blätter mit Knospe, aus denen das uralte und weltweit beliebte Getränk hergestellt wird.

Das »Momentum« ist für jeden Teetrinker ein wahrer Olymp in edlem Ambiente. Doch es gibt den Tee in dieser einzigartigen Erlebniswelt nicht nur in unterschiedlichsten Sorten zu trinken, sondern auch zu riechen, zu fühlen und im wahrsten Sinne zu »begreifen«.

Im multimedialen Teemuseum kann man sich mit den verschiedenen Anbaugebieten weltweit, den Sorten und Mischungen vertraut machen. Dazu gibt es Fakten und Informationen zu über 5000 Jahren Teegeschichte.

Und es gibt noch weitere Highlights. Auf über 700 Quadratmetern, inklusive einer schönen Außenterrasse mit Blick auf Sandtorkai und den neuen Museumshafen, gibt es neben Teelounge und Teemuseum auch noch einen gut ausgestatteten Tee-Shop mit über 150 Spezialitäten und schönen Accessoires.

Der absolute Clou sind jedoch die beiden Probierzimmer mit der Teeverkostung. In der zur Straßenseite gelegenen Probierzone werden die traditionellen Tees, schwarz, grün oder weiß (eine spezielle Art des Grüntees), verkostet. Auf der Wasserseite geht es um Kräuter-, Früchte-, Pfefferminz- und andere Teemischungen. In den durch Glas vom Museumsbereich abgetrennten Räumen werden täglich circa zweihundert Tassen Tee verkostet.

Dies ist der Arbeitsbereich von Sandra Nikolei. Ihr ungewöhnlicher Beruf würde beim heiteren Beruferaten wohl nicht so leicht erkannt werden — schließlich ist sie »Tea-Taster« und zählt damit zu der kleinen, exklusiven Gruppe von schätzungsweise 40 bundesweit agierenden professionellen Tee-Testern. Erschwert würde ein Beruferaten vermutlich auch durch die Tatsache, dass Tee-Tester kein klassischer Ausbildungsberuf ist und üblicherweise eher von Männern ausgeübt wird.

Auch Sandra Nikolei ist auf Umwegen zum Tee-Profi geworden. Eine Leidenschaft für Tee hatte sie schon früh. Doch erst der Job im Teeladen wäh-

Bildfolge Teeverkostung:

Gut 200 Tassen Tee werden im »Meßmer Momentum« täglich verkostet. Und das Interessante dabei: Die Besucher können durch die großen Glaswände dem Tea-Taster bei seiner Arbeit quasi über die Schulter schauen. Für den professionellen Teeaufguss und die anschließende Teeverkostung gilt eine weltweit einheitliche Prozedur mit festen Regeln:

1. Zunächst wird der Tee einer optischen und haptischen Prüfung unterzogen. Dabei werden die Farbe und Rieselfähigkeit der Rohware begutachtet.

2. Anschließend wird mit einer konventionellen Handwaage die Teemenge genau abgewogen. Nach guter alter Tradition bestimmt bis heute das Gewicht einer englischen Six-Pence-Münze (2,86 g) die Menge. Der abgewogene Tee wird für den Aufguss in kleine Porzellangefäße gegeben.

3. Die Porzellangefäße werden mit kochendem Wasser (150 ml) gefüllt und mit einem Deckel verschlossen. Jetzt muss der Tee exakt fünf Minuten ziehen. Die große Menge Tee, wenig Wasser und eine lange Ziehzeit ergeben das für die Beurteilung notwendige Geschmackskonzentrat.

4. Großes Bild links: Nach dem Ziehen wird der Tee gefiltert und zunächst der feine Geruch der warmen feuchten Blätter geprüft, denn er verrät bereits einiges über die Qualität des Tees. Auch die Farbe, die sogenannte Infusion, wird in die Gesamtbeurteilung einbezogen.

5. Nun folgt die eigentliche Geschmacksprobe. Dabei wird das heiße Getränk lautstark in den Mund geschlürft und verteilt sich, vermischt mit dem eingesogenen Sauerstoff, im gesamten Mundraum. Die Geschmacksmerkmale werden registriert und der Tee in den bereitstehenden »Spittoon« gespuckt. Hat das Produkt gefallen, wird die Tasse nach vorn geschoben, hat es nicht gefallen, wird es aussortiert.

Links:
Abendsonne scheint auf die Terrasse des »Momentum« am Kaiserkai in der HafenCity. Umgeben von moderner zeitgenössischer Architektur gibt es hier im neu angelegten Museumshafen historische Objekte einer längst vergangenen Hafenzeit zu bewundern.

Unten:
Die multimedial gestaltete Ausstellung des Teemuseums ist eine einzigartige Erlebniswelt rund um das Thema Tee.

Japan

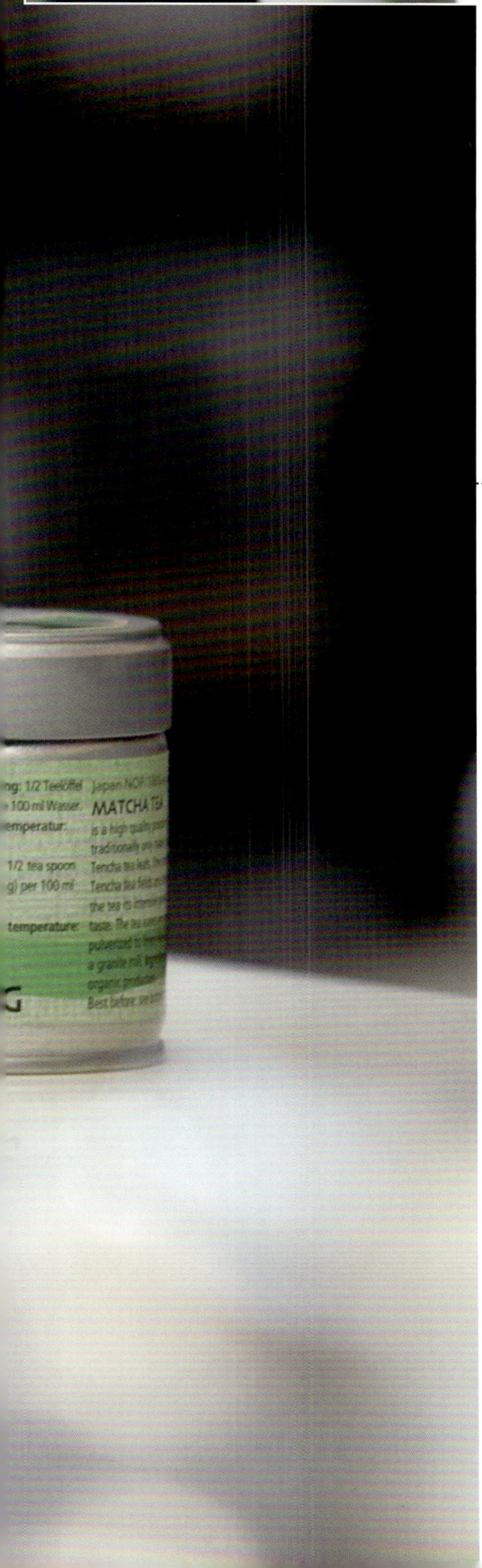

Oben:
»Two leaves and a bud«.
Nur die beiden jungen Teeblätter mit der Knospe werden bei der Teeernte gepflückt.

Eine besondere Spezialität ist der grüne »Matcha-Tee«. Das mit dem Bambusbesen schaumig geschlagene feine Grünteepulver wird traditionell zur japanischen Teezeremonie in Schalen gereicht.

Links:
Ein ganz anderes Geschmackserlebnis verspricht diese Zubereitung: traditioneller »Matcha« mit aufgeschäumter Milch als stylish-modernes Mixgetränk.

rend ihres BWL-Studiums brachte den entscheidenden Impuls. Das Studium wurde abgebrochen und gegen eine Ausbildung zur Groß- und Außenhandelskauffrau bei einem Teehandelsunternehmen getauscht. Es folgten viele weitere Stationen im Einkauf, der Verkostung und Produktentwicklung. Nach sieben Jahren als Junior Tea-Taster galt die Ausbildungsphase als abgeschlossen.

Heute ist sie für die Ostfriesische Teegesellschaft tätig und zuständig für den Einkauf — und natürlich für den guten Geschmack und die richtige Mischung der Marke Meßmer.

Wer Sandra Nikolei bei ihrer Arbeit einmal über die Schulter schauen, noch mehr über Tee und seine richtige Zubereitung erfahren oder »live« bei einer Teeverkostung dabei sein möchte, der findet im Veranstaltungsprogramm der Tee-Akademie bestimmt seinen persönlichen Favoriten. Das Team der Tea-Taster nimmt Sie gern mit in die faszinierende Welt des Tees und macht Sie mit seinen Geheimnissen vertraut.

Geöffnet ist das »Momentum« am Kaiserkai täglich in der Zeit von elf bis zwanzig Uhr. Informationen gibt es im Internet unter:
www.messmer-momentum.de

REPSOLD

Links:
Jede Jahreszeit hat ihre Reize. Lichtreflexionen spiegeln sich im Eis des zugefrorenen Sandtorhafens. Durch die großen Scheiben der Tee-Lounge hat man einen guten Blick auf die gegenüberliegenden modernen Gebäude des Sandtorkais und die maritimen Oldtimer im Museumshafen.

Unten:
Raum zum Relaxen und Genießen exklusiver Teespezialitäten. Die Tee-Lounge bietet ihren Gästen ein umfangreiches Gastronomieangebot, hochwertiges Gebäck, Pralinés und Fingerfood im durchgestylten Innenbereich oder auf der sehr schönen Außenterrasse.

» Heiße Eisen für coole Location «

Stahldesign, maritime Objekte und Filmkulissen

3

Krananlage
darf nicht
betrieben

BUREAU VERITAS
1828

Es gibt viel zu tun

Oben:
Auf dem Gelände einer ehemaligen Farbenfabrik in Hamburg-Wilhelmsburg hat der Stahldesigner Felix Hellenkamp seine Werkstatt.

Links:
Eine Arbeit für das Foyer der Bureau Veritas Gruppe in Hamburg-Harburg. Abgestimmt auf die archaische Architektur des ehemaligen Getreidespeichers wurde das dreidimensionale Logo aus rohem Metall geschnitten. Größe und Kompaktheit des Logos werden durch die starke Schattenbildung des Raumlichts unterstrichen.

Unten:
»Fest verankert« und mit maritimen Fundstücken aus dem Hafen präsentiert sich der gesamte Gewerbehof mit der Werkstatt.

Gerade werden die letzten eisernen Fensterrahmen in den Transporter geschoben. Felix Hellenkamp ist Stahldesigner und baut zurzeit Filmkulissen und Requisiten für eine Hamburger Filmproduktion.

Diesmal ist es nur ein kurzer Weg von der Werkstatt zum Drehort von »soul kitchen«. Nur einen Steinwurf entfernt, in der Industriestraße, beginnen im Herbst 2008 gerade die Aufnahmen für den neusten Film von Hamburgs Erfolgsregisseur Fatih Akin. Als Kulisse hat die Filmproduktion ein ziemlich heruntergekommenes, ehemaliges Speditionsgebäude gemietet und Felix Hellenkamp liefert die Metallbauten für die Küche und Fenster für die Außenansicht des Gebäudes. Mittlerweile ist der auf der Elbinsel gedrehte Film preisgekrönt und zum Publikumserfolg geworden.

Und Felix Hellenkamp arbeitet weiter an neuen Produktionen. Für einen Fernsehfilm sind es »Special Effects« und für eine Tatort-Produktion wird ein Leuchtturm in Pilsum mit einem Balkon ausgestattet. Danach wird eine mobile Eventstation aus schwarzen Containern mit Dachterrasse für das weltweit größte Heavy-Metal-Open-Air-Festival im norddeutschen Wacken für einen bekannten deutschen Spirituosen-Hersteller gebaut.

Doch das ist bei Weitem nicht alles, was hier am Hafenrand hinter den roten Backsteinmauern entsteht.

Es sind auch viele maritime Objekte, teils Auftragsproduktionen, teils freie Arbeiten, die der gebürtige Westfale und Wahlhamburger Hellenkamp mit seinem kleinen internationalen Team gestaltet.

Das Material stammt meistens aus dem Hafen. Und so ist es nicht verwunderlich, dass mit der Zeit der gesamte Gewerbehof mit der Werkstatt fest »verankert« ist.

Es hat ein wenig gedauert, doch inzwischen haben die von der Zeit gezeichneten Objekte aus rohen Materialien auch Einzug in die parkähnlichen Gärten der exklusiven Elbchaussee gehalten.

Neben den Bauten für Filmgesellschaften und künstlerischen Arbeiten werden in der Werkstatt Warenträger sowie komplette Ladeneinrichtungen entwickelt. Und weil es in der Hansestadt viele internationale Unternehmen gibt, die mit der Schifffahrt und dem Hafen verbunden sind, gibt es auch aus diesem Bereich interessante Aufträge.

So wurde für das »Bureau Veritas«, ein weltweit tätiges Unternehmen mit Sitz im Harburger Binnenhafen, ein über-

Oben:
Gemeinsam präsentieren Schauspieler und Produzenten ihren Film »soul kitchen« der Presse. Im Herbst 2009 kam die in Hamburg-Wilhelmsburg spielende Filmkomödie in die Kinos und wurde, wie auch bereits andere Filme von Kultregisseur Fatih Akin (unten, 2. v. re.), nach kurzer Zeit ein Publikumserfolg.

Links:
Während sich die Schauspieler für die nächste Szene vorbereiten, richten die Beleuchter das Licht für die folgende Einstellung ein. Viele Filmpassagen spielen in der alten ehemaligen Speditionshalle in Wilhelmsburg.

Unten:
Baubesprechung am Set. Felix Hellenkamp ist für die Metallarbeiten in der Filmkulisse zuständig. Das Timing ist eng und die Requisiten müssen genau im vorgegebenen Zeitplan der Produktionsfirma angefertigt und vor Ort eingebaut werden.

dimensionales Logo für das Foyer aus Stahl geschnitten. Ein Hamburger Emissionshaus wünschte sich für den gläsernen Eingangsbereich eine maritime Wand und einen passenden Empfangstresen. Als Blickfang wurde dafür eine über drei Etagen hohe Bordwand eines alten Frachters gestaltet. Der Empfangstresen entstand aus dem Bug einer alten Hafenbarkasse.

Felix Hellenkamp hat das Metier der Metallverarbeitung von Grund auf gelernt. Sägen, bohren, schneiden, biegen, walzen, kanten und schweißen von Stahl, Edelstahl und Aluminium ist sein Metier. Gutes Handwerk ist die Basis des Geschäfts, alles andere wird mit viel Kreativität gelöst — und der Hafen hat noch viele Unternehmen und genügend Material für neue Projekte.

LI
8
6
4
2
12M
8
6
4
2

Links:
Für die gläserne Empfangshalle eines Emissionshauses für Schiffsbeteiligungen wurde als dekorativer Blickfang ein über mehrere Etagen hoher Teil einer Bordwand gebaut. Markantes Gestaltungselement sind die großen Nieten, wie sie früher im Schiffsbau üblich waren.

Unten:
Um den maritimen Ursprung des Unternehmens hervorzuheben, wurde der Empfangstresen aus Originalteilen einer alten Barkasse gefertigt.

3

Maritime Objekte:
Viele freie Arbeiten von Felix Hellenkamp entstehen aus altem, verwittertem Material, das er bei seinen Streifzügen durch den Hamburger Hafen sammelt. Dabei arbeitet er besonders mit den Strukturen der Fundstücke und formt neue symbolhafte Objekte, die in einem Kontext Entstehung und Vergänglichkeit vereinen.

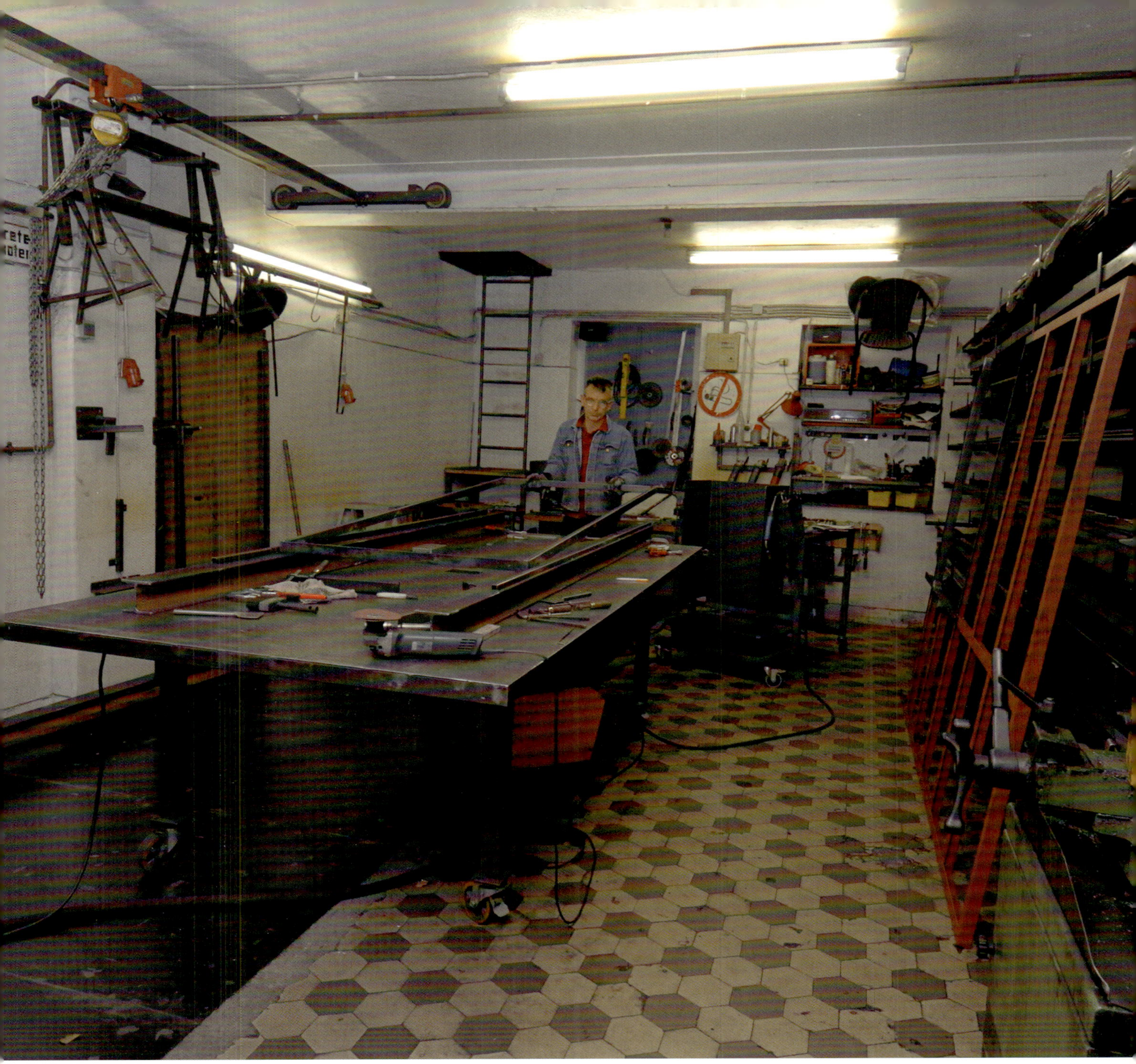

Oben:
In allen Räumen, wie hier im Büro, sind Mobiliar, Bodenbelag und die meisten Gebrauchsgegenstände aus Metall gefertigt.

Auf dem mobilen Arbeitstisch mit seiner massiven Stahlplatte können auch größere Werkstücke exakt positioniert und geschweißt werden.

Links:
Büro und Werkstatträume sind auf zwei Etagen verteilt. Auf der Dachterrasse lagern neben grünen Kübelpflanzen viele verschiedene Objekte. So auch diese beiden, an Keith Haring erinnernden, tanzenden Stahlmänner.

» Fairplay im Hafen «

Einparkhilfe für Containerriesen

4

COSCO
COSCO
HANJIN
ACCURAT

HANS

Oben:
»Fairplay X« wartet auf seinen nächsten Einsatz. Ein Kraftpaket mit beachtlichen Werten:
Länge: 25,00 m
Breite: 11,20 m
Zugkraft: 70 t
Geschwindigkeit: 12,3 kn
Motorleistung: 5000 PS

Links:
»Leinen los« – Die Schlepper sind in ständiger Einsatzbereitschaft und innerhalb weniger Minuten nach Anforderung der Zentrale bereits auf ihrem Kurs.

Unten:
Der Einsatzleiter in der Zentrale verteilt die eingehenden Anforderungen nach dem Rotationsprinzip gleichmäßig auf die verschiedenen Schleppunternehmen. Auf seinen Monitoren kann er nicht nur die aktuelle Lage überblicken, sondern auch Neuzugänge mit ihren voraussichtlichen Ankunftszeiten sehen.

Hamburgs Hafenschlepper

Um fünf Uhr früh herrscht bereits geschäftige Betriebsamkeit in der schwimmenden Einsatzzentrale der Hafenschlepper in Neumühlen. Am Pier liegen zehn Hamburger und vier holländische Assistenzschlepper. Mit dem steigenden Pegel des Morgenhochwassers kündigen mehrere Großschiffe ihre Ankunft im Hamburger Hafen an. Über Funk treffen die ersten Anforderungen für mehrere Schlepper ein und auf den Monitoren sind Position und alle für das kommende Schiff wichtigen Daten sichtbar.

Mit souveräner Routine stimmt der Einsatzleiter mit Kapitän und Lotsen des »Aufkommers« die Schlepperanzahl und -größe ab und gibt die Anforderungen im Anschluss direkt an die Kapitäne der ausgewählten Schlepper weiter. Kurze Zeit später befinden sich die in ständiger Bereitschaft liegenden Schiffe bereits auf ihrem Kurs elbabwärts.

Von der Schlepperzentrale in Neumühlen wird der Einsatz von fünf Hamburger Schleppreedereien mit Schleppern von einer Leistung von 30 bis 80 Tonnen Pfahlzug gemeinschaftlich betrieben.

Bei jedem Wetter, selbst bei Sturmflut, ist die Zentrale besetzt. Die Leitung und die eingesetzten Schlepper arbeiten nach einem Rotationsprinzip. So können Kosten gespart und Synergien genutzt werden. Seit dem durch die EU-Bestimmungen ausgelösten Konkurrenzkampf, aber auch durch die Veränderungen der globalen Wirtschaftslage haben sich die Arbeitsbedingungen für die Besatzungen und die Verweildauer auf den Schiffen stark verändert.

21 Stunden Dienst an Bord folgten früher 52 Freistunden, heute gibt es drei Tagesschichten oder auch einwöchige Dienste. Während der 24-stündigen Rufbereitschaft sind die Besatzungen, abgesehen von kurzen Besorgungsgängen, ständig an Bord. Bei Sturmflut und anderen Extrem-Wetterlagen sind die Besatzungen besonders gefordert, denn dann gibt es kaum Ruhezeiten.

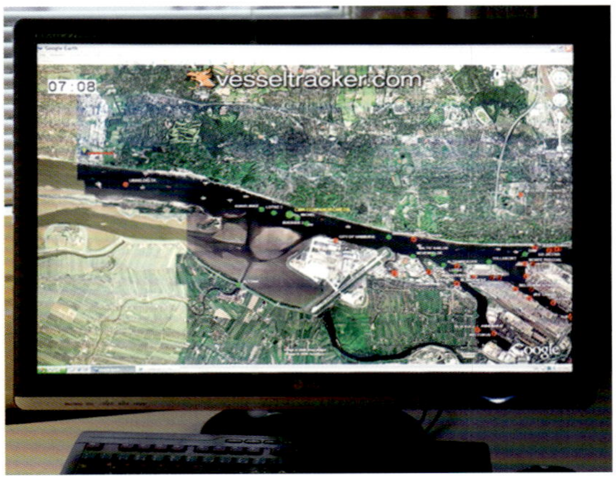

COSCO NINGBO
PIRAEUS
IMO 9305582

Seiten 54/55:
Bis auf wenige Meter nähert sich der Schlepper dem Containerschiff. Nach Übergabe der Wurfleine überwacht der Bootsmann die Übernahme der Schlepp-Trosse.

Oben:
Nachdem das Containerschiff an seinen vorbestimmten Liegeplatz gebracht wurde, nimmt »Fairplay X« bereits wieder Fahrt auf, um elbaufwärts einen weiteren »Aufkommer« an den Haken zu nehmen.

Links:
Die Fahrrinne ist erreicht. Gerade wurde die Verbindung getrennt und das Containerschiff setzt seine Reise mit eigener Kraft fort.

Wer das erste Mal auf einem Schlepper fährt, wird sofort begeistert sein von der Wendigkeit und der spürbaren »Power«, über die diese Kraftpakete verfügen. Auf circa 60 Grad vorgeheizt, haben die Maschinen vom Start weg die volle Leistung. So dauert es nur wenige Minuten, bis der Schlepper mit seiner dreiköpfigen Besatzung auslaufbereit ist.

Während der Bootsmann die Leinen löst und der schiffstechnische Offizier im Unterdeck für einen reibungslosen Ablauf sorgt, erhält der Schlepperkapitän über Funk detaillierte Anweisungen von der Einsatzleitung in der Zentrale. Alle relevanten Daten des Schiffsmeldedienstes, wie Schiffsname, Tiefgang, Liegeplatz, spezielle Informationen zur Liegerichtung des Schiffes, welche weiteren Schlepper an der Aktion beteiligt sind und wer welche Position übernimmt, werden abgestimmt.

Ankommende Großschiffe wie Containerriesen mit 360 Meter Länge, dies entspricht den Maßen von drei hintereinanderliegenden Fussballfeldern, und einem Tiefgang von circa fünfzehn Metern werden bereits oberhalb von Teufelsbrück von den Schleppern in Empfang genommen. Abhängig von der Wetterlage, dem Bestimmungsort und den Anforderungen von Kapitän und Lotsen bugsieren dann zwei oder drei Schlepper das Schiff an seinen vorbestimmten Liegeplatz.

Von seiner mit modernster Technik ausgestatteten Kommandobrücke hat der Schlepperkapitän einen guten Rundum-Blick auf Schiff und Fahrwasser. Besonders bei der Übernahme des Wurfseils für die Zugtrosse gilt größte Aufmerksamkeit. Für kurze Zeit nähert sich der Schlepper dann bis auf wenige Meter dem fahrenden Containerriesen. Ein Manöver, das viel Erfahrung und Fingerspitzengefühl verlangt. Hängt das Schiff dann am Haken, wird es direkt zum gebuchten Liegeplatz geschleppt, bei Bedarf gedreht und dann beinahe zentimetergenau an seinen Liegeplatz geschoben. Dieser letzte Teil des Festmachens ist sicherlich der langwierigste und schwierigste Part der Schlepperarbeit und stellt hohe Anforderungen an Kapitän und Maschine.

In den Spitzenzeiten, bei Hochwasser, reiht sich oft ein Auftrag an den nächsten. Der Haupteinsatzbereich ist der Hamburger Hafen, aber es geht auch hin und wieder bis Stade und Brunsbüttel. Zum Ausgleich leisten die für den Nord-Ostsee-Kanal zuständigen Kollegen in Brunsbüttel mit ihren Schleppern bei Engpässen Hilfe im Hamburger Hafen.

EXIT

Oben:
Abendlicht am Schlepperponton Neumühlen. Hier befinden sich die Einsatzzentrale und Liegeplätze der Schlepper. Das Gebäude mit der Kuppel im Hintergrund ist die Senioren-Residenz Augustinum.

Links:
Der Maschinenraum unter Deck kann nur mit Gehörschutz betreten werden. Haupt- und Hilfsmaschinen machen einen Höllenlärm, aber schließlich bringen sie es auch auf die beachtliche Motorleistung von rund 5000 PS.

Seiten 60/61:
Von einem Schlepperkapitän werden eine Menge Erfahrung und Fingerspitzengefühl verlangt, wenn es um das fast zentimetergenaue »Einparken« von Großschiffen geht. Die Kommandobrücke ist rundum mit modernster Technik ausgestattet.

NAVIGATION LIGHTS
MAIN POWER SUPPLY EMERGENCY

5

» Frisches von A wie Aal bis Z wie Zander «

Fisch und Schalentiere für Gourmets

J.Niehusen
R.Fisch

5

Oben:
Morgens um fünf herrscht Hochbetrieb bei Hummer Pedersen. Jetzt muss alles schnell gehen, damit die leicht verderbliche, eisgekühlte Fracht, die gerade aus Frankfurt eingetroffen ist, schnell entladen kommissioniert und weitertransportiert werden kann. Bereits mittags werden viele dieser Produkte frisch zubereitet auf den Tischen unzähliger Restaurants stehen.

Links:
Im angebauten kleinen Bistro kann man gut und preiswert superfrische Fische, verschiedenste Meeresfrüchte und natürlich Hummer probieren.

Fischhandel mit Tradition

Wer sich in Hamburg etwas auskennt und frischen Fisch mag, kennt den Fischmarkt und die Fischgroßhändler an der Großen Elbstraße.

Hummer Pedersen ist einer von ihnen. 1879 gründete Frederik Carl Christian Pedersen in St. Pauli seinen Betrieb für Schiffsproviant. Zehn Jahre später wurde die Firma an den neu angelegten Markt- und Landungsplatz am Hafen verlegt.

Große Hummervorkommen in der Nordsee und die vermehrte Nachfrage nach den schmackhaften Krustentieren brachten Pedersen auf den Gedanken sich zu spezialisieren. Er ließ große, mit Seewasser befüllte Bassins bauen, die mithilfe einer Pumpe durchlüftet wurden. Das »Spezialhaus für lebende Hummer« war erfunden.

Bis heute werden Hummer und andere Schalentiere nicht nur von Gourmets sehr geschätzt. Hummer aus der Nordsee sind jedoch selten geworden und so kommen die Krusten- und Schalentiere, mit denen Hummer Pedersen heute handelt, aus der ganzen Welt.

Getreu der Idee des alten Pedersen werden die lebenden Tiere auch heute noch in vielen Spezialbecken im klimatisierten Keller gehalten. Die hochsensiblen Krustentiere erfordern ein hohes Maß an Betreuung rund um die Uhr. Zur artgerechten Haltung gehört dabei auch die stete Kontrolle der Wasserqualität, der Temperatur, der Belüftung und des Salzgehalts.

Circa 40 Prozent macht der Handel mit den Schalen- und Krustentieren aus. Rund 60 Prozent entfallen auf den Handel mit Fisch. Dabei geht es nicht so sehr um gängige Sorten wie Rotbarsch, Seelachs oder Kabeljau, sondern vorwiegend um Edelfische. Seezungen, Steinbutt oder wild gefangener Loup de Mer (Wolfsbarsch) zählen zu den Favoriten. Salzwasserfische sind stärker verteten als Süßwasserfische. Ganz vorne in der Beliebtheitsskala bei den Süßwasser-Edelfischen rangiert mit seinem hellen festen Fleisch der Zander.

Zwischen zwei und fünf Tonnen Fischprodukte werden hier täglich umgeschlagen. Die Ware kommt frisch aus aller Welt. Zum Wochenende, donnerstags und freitags wird noch mehr geliefert. Neben den täglichen Direktlieferungen aus Frankfurt trifft dann auch Frischware aus Dänemark, Holland und Frankreich ein.

Montags und dienstags sind es die lebenden Hummer aus Kanada, die per Luftfracht in Spezialboxen geliefert werden und schnell in die vorbereiteten Bassins im Kellergeschoss gebracht werden.

5

Bildfolge:
Nach Größe, Gewicht und Herkunft getrennt werden die lebenden Hummer in Spezialbecken im Keller gehalten.

Die artgerechte Haltung der empfindlichen Krustentiere erfordert ein hohes Maß an Erfahrung und Betreuung rund um die Uhr.

Damit sich die Hummer nicht mit ihren mächtigen Scheren gegenseitig verletzen können, werden die Scheren mit Gummibändern fixiert.

Oben:
Joachim Niehusen, Inhaber von Hummer Pedersen, liebt seinen Job und die Produkte, die er verkauft. Das beweist auch seine Mitgliedschaft in der »Chuchi Hamburg«, einer exklusiven Kochbruderschaft leidenschaftlicher Hobbyköche. Einmal im Monat dreht sich dabei alles um feine Küche und guten Geschmack.

Links:
Täglich wird ein kleiner Kühltresen mit saisonaler Frischware bestückt. So kann jeder Kunde schnell aus dem tagesaktuellen Angebot wählen.

Unten:
Die hier gehandelten Fischspezialitäten kommen aus der ganzen Welt. Diese vier Kilogramm schwere Gelbschwanzmakrele (Kingfish) stammt aus australischen Gewässern.

Abnehmer für diese Produkte sind vor allem Hamburger Restaurants, Hotels und Catering-Unternehmen. Zu vielen besteht eine jahrelange Geschäftsbeziehung und die Küchenchefs schätzen die individuelle Bedienung.

In den Sommermonaten sind von Zeit zu Zeit auch schon mal Hummer »en gros« gefragt. Nämlich immer dann, wenn große Kreuzfahrtschiffe wie die »MS Europa Hamburg« anlaufen und sich für die kommende Weiterreise mit neuem Proviant eindecken.

Sonderwünsche haben gelegentlich auch Fotografen, Film- oder Fernsehproduktionsgesellschaften. In einer Medienstadt wie Hamburg entstehen ständig neue Projekte rund um das Thema »Food« und häufig sind dabei auch frische Meeresfrüchte gefragt, also: Keep smiling lobster!

Neben den gewerblichen Abnehmern kaufen hier auch Privatleute gerne ein. Besonders in der Advents- und Weihnachtszeit oder zum Jahreswechsel lohnt es sich, seinen Einkauf früh zu beginnen, wenn man Wartezeiten vermeiden möchte.

Dafür, dass hier jeder immer gut bedient wird und beste Ware erhält, ist Joachim Niehusen verantwortlich. Der Inhaber von Hummer Pedersen erfreut sich selbst an gutem Essen. Und dafür braucht es, selbstredend, gute Zutaten. Als Mitglied von »Chuchi Hamburg«, dem Club kochender Männer in der Bruderschaft Marmite, trifft er sich einmal im Monat mit Gleichgesinnten zum Kochen und »Fachsimpeln«. Die Mitglieder sind eine kleine, elitäre Gruppe, bunt gemischt aus allen Wirtschaftsbereichen, die nicht nur Spaß am Essen, sondern vor allem an dessen Zubereitung haben. Bundesweit sind in dem Club 1400 Hobbyköche organisiert.

»Das Kochen in der Runde ist für mich Entspannung und gleichzeitig ein gutes Training für mein Tagesgeschäft«, meint Niehusen. Aus der obligatorischen Manöverkritik nach dem Kochen kann man nur lernen und einige der hier diskutierten Ideen bereichern auch die Speisekarte der Bistroküche an der Großen Elbstraße.

Auf jeden Fall schult Kochen den Geschmack und schärft den Blick fürs Wesentliche – für gute Produkte wie die, die hier täglich verkauft werden.

Geöffnet ist der Fischverkauf Montag bis Freitag von acht bis sechzehn Uhr, Samstag acht bis zwölf Uhr und das Bistro Montag bis Samstag elf bis siebzehn Uhr. Informationen gibt es im Internet unter:
www.hummer-pedersen.de

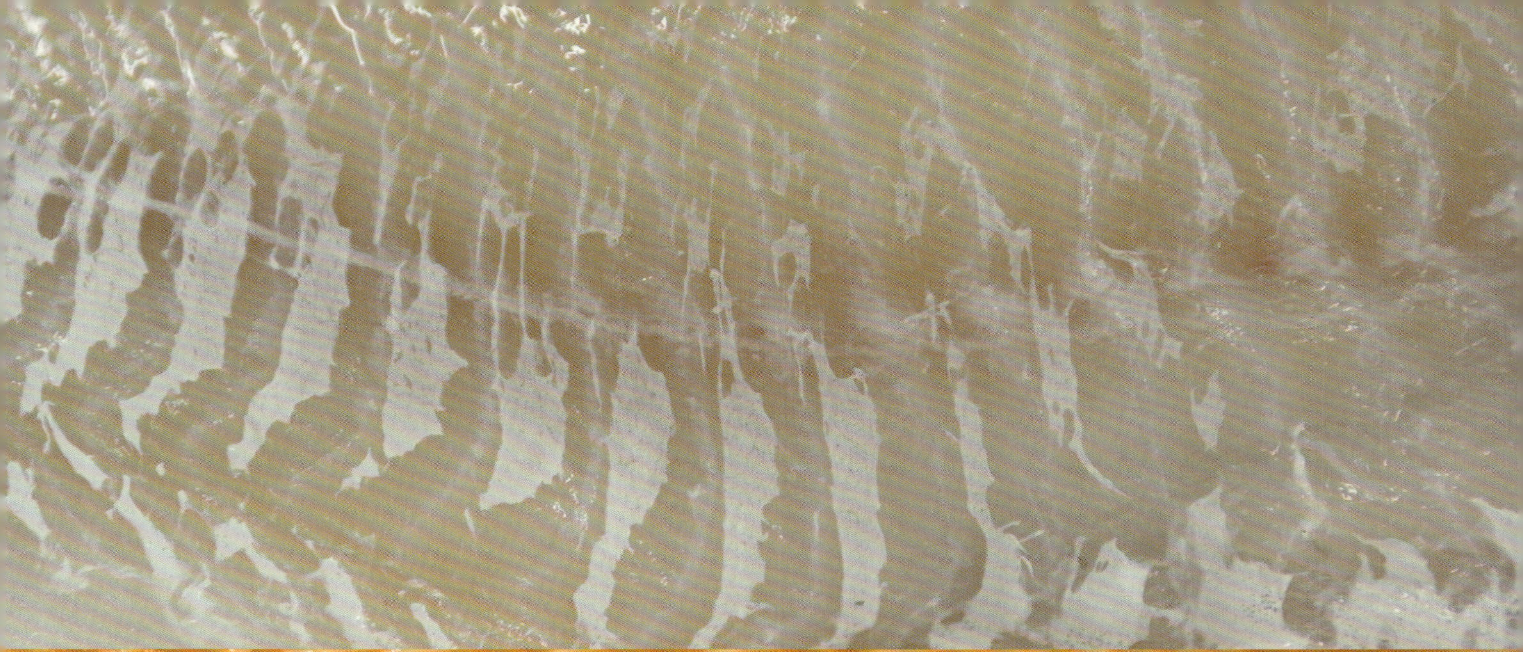

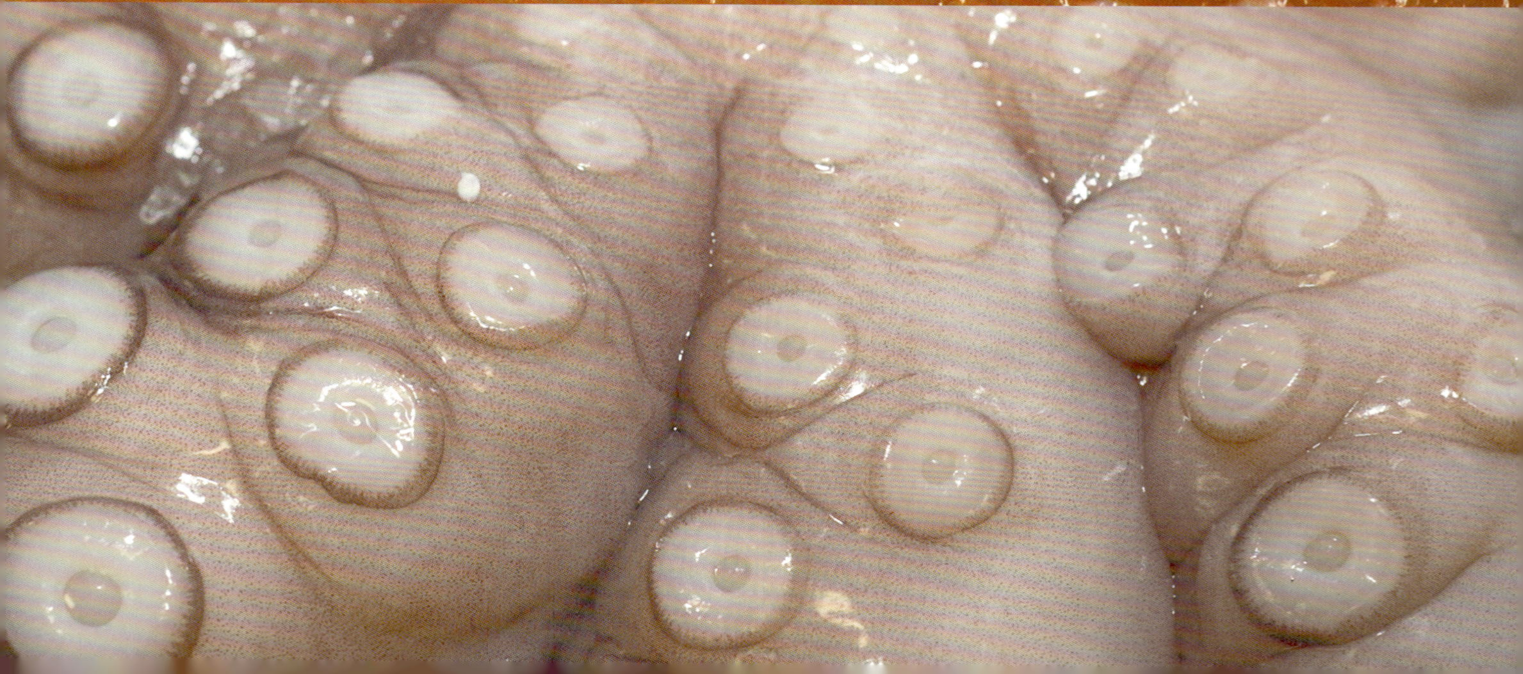

Links:
Frischfisch, wie er appetitlicher nicht sein kann: Filet vom Kabeljau, Lachsfilet und Pulpo, frischer Tintenfisch.

Unten:
Perfekt vorbereitet und makellos geschuppt ist dieser Zander. Viele Profiköche nutzen den angebotenen Service und bestellen ihre Fische bereits ausgenommen, geschuppt und filetiert. Ein Service von Profis für Profis, den auch immer mehr Privatkunden zu schätzen wissen.

Seiten 72/73:
Nach dem Kochen wird der Hummer kurz in Eiswasser getaucht. Wenn man ihn herausnimmt, glänzt und leuchtet seine intensive rote Farbe noch stärker als vorher.

5

» Die Reise der Bojen-Männer «

Kunstobjekte auf der Elbe

Saison für künstlerische Seezeichen

Oben:
Mit einem Kran wird die montierte Skulptur auf die bereitgestellte Schute verladen. Die große Boje hat ein stattliches Gewicht von fast neun Tonnen.

Links:
Im März verlassen die auf der Elbe beheimateten Holzfiguren das Winterlager. Dann werden sie zunächst wieder auf ihren Schwimmträgern befestigt.

Unten:
Auf dem Betriebsgelände von HPA in Finkenwerder werden die eingelagerten Holzfiguren und die Bojen zusammengetragen und montiert.

Jeder Hafenbesucher kennt sie. Die lebensgroßen »Bojen-Männer« des wohl bedeutendsten deutschen Bildhauers Stephan Balkenhol. Wer sie zum ersten Mal sieht, ist oft verblüfft und es braucht einen Moment, um zu erkennen, dass hier kein Mensch regungslos auf einer Boje steht, sondern eine realistisch bemalte Holzskulptur.

Vier Figuren gibt es insgesamt, die auf Hamburgs Wasserflächen als Kunstobjekte im öffentlichen Raum die Landschaft bereichern. Am auffälligsten ist vielleicht der am westlichen Hafeneingang, in Höhe Museumshafen auf der Elbe dümpelnde hölzerne Mann. Wer mit der S-Bahn von Harburg in die Hamburger City fährt, kennt auf jeden Fall das östliche Pendant dazu. Auch hier begrüßt die Figur die den Hamburger Hafen ansteuernden Schiffe.

Wenn im November die schlechtere Jahreszeit beginnt und sich die ersten Stürme ankündigen, verschwindet überraschend auch der vertraute Anblick der Bojen-Männer.

Von einem auf den anderen Tag sind beide Figuren nicht mehr an ihren Standorten zu sehen. Der Gedanke, sie könnten sich bei schlechtem Wetter vielleicht aus ihren Verankerungen gelöst haben, liegt nahe, doch bei der Größe der Objekte hätte eine Rettungsaktion wohl für Aufsehen gesorgt.

Um solchen Situationen vorzubeugen, werden die Skulpturen von der Hamburg Port Authority im Winter frühzeitig entfernt und eingelagert. Gerade bei Sturmflut oder starkem Eisgang besteht immer die Gefahr, dass umhertreibende Gegenstände die Objekte beschädigen und der Schiffsverkehr behindert wird.

Von November bis März werden die beiden Elbfiguren daher auf dem HPA Betriebshof in Finkenwerder eingelagert. In dieser Zeit werden sie auf Beschädigungen überprüft und wenn notwendig vom Künstler restauriert.

Im Frühjahr beginnt dann wieder das inzwischen routinierte Ausbringen der Bojen-Männer. Für die Montage der Objekte werden als Erstes die Schwimmkörper von ihren Lagerplätzen nach Finkenwerder gebracht. Aufgrund der Größe und des Gewichts

Oben:
Die Platzierung der Bojen ist in den offiziellen Seekarten verzeichnet. Daher ist es wichtig, das tonnenschwere Ankergewicht in jedem Jahr erneut positionsgenau zu versenken.

Links:
Während Kranführer und Decksmann mit dem Aussetzen der Boje beschäftigt sind, muss der Barkassenführer die nicht verankerte Arbeitsplattform in der Elbströmung genau auf ihrer Position halten.

der Bojen ist dafür ein schwimmender Kran und eine Schleppbarkasse erforderlich. Auf dem Betriebshof werden dann die Skulpturen auf den Bojen verschraubt und auf eine Schute verladen. Dazu kommen zwei große, mehrere Tonnen schwere Betonblöcke zur Verankerung der Bojen. Im Morgengrauen des darauffolgenden Tages beginnt der Transport an die bekannten Orte am westlichen und östlichen Hafeneingang.

Bevor die Schleppbarkasse den Ponton mit dem Kran und der angehängten Transportschute auf Position bringt, werden zwei Experten des Oberhafenamts am Anleger Neumühlen an Bord genommen. Sie sind für die exakte Positionierung der Bojen zuständig. Sobald die von ihnen per GPS bestimmte Position erreicht ist, wird der Betonanker herabgelassen und im Anschluss die neun Tonnen schwere Boje ausgesetzt.

Ohne Unterbrechung geht es direkt weiter elbaufwärts in Richtung Harburg zum zweiten Standort. Bei der Fahrt durch den Hafen und anschließend den Köhlbrand hinauf sind einige Brücken zu passieren. Damit der Kran nicht anstößt, muss der hohe Auslegerarm flachgelegt werden. Trotzdem kann es vorkommen, dass zu hoher Wasserstand zu einem unvorhergesehenen Extrahalt zwingt. Dann hilft nur warten. Erst wenn die Höhe des ablaufenden Wassers eine gefahrlose Durchfahrt gestattet, wird die Fahrt fortgesetzt. So dauert die Reise meist mehrere Stunden, bis endlich die östliche Position erreicht ist.

Am Ziel angekommen, wiederholt sich das bekannte Prozedere. Die Position vor den die Süderelbe überquerenden Eisenbahnbrücken in der Nähe des Finkenrieker Ufers wird GPS-genau bestimmt. Das Ankergewicht wird hinabgelassen und die Boje mit der Holzskulptur aufs Wasser gesetzt. Damit endet auch diese »Reise der Bojen-Männer«, wie schon so oft vorher, beinahe unbemerkt.

Und wenn morgen früh die S-Bahn von Harburg zum Hauptbahnhof fährt, dann grüßt er wieder mit stummem Blick herüber, der »Mann auf Tonne«.

Links:
Das Ziel ist fast erreicht. Die Barkasse zieht die Schute mit dem zweiten Bojen-Mann die Süderelbe hinauf. Kurz hinter den Bahnbrücken endet die Reise.

Unten:
Per GPS wird der genaue Standort bestimmt. Weil die Bojen in den Seekarten verzeichnet sind, müssen sie jedes Jahr aufs Neue an exakt derselben Stelle verankert werden.

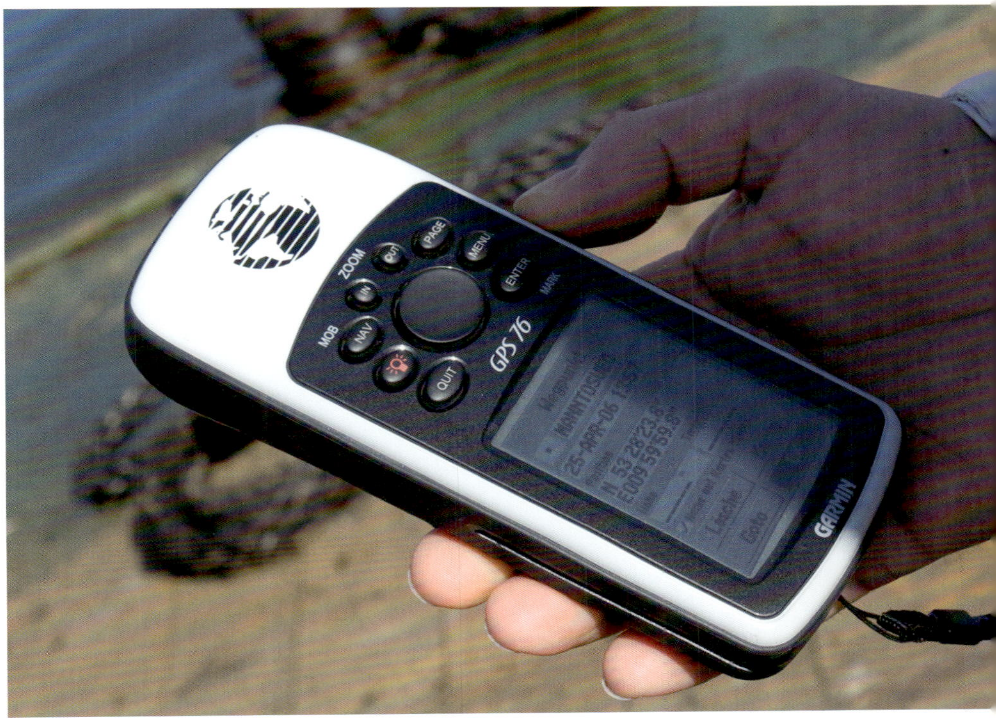

Links:
Selbst die kleinere der beiden Elbskulpturen ist ein richtiges Schwergewicht und nur mit dem Schwimmkran zu bewegen. Aus der Nähe kann man die Dimensionen des Objekts gut erkennen und so sind auch Schäkel und Splint zum Befestigen des Krangeschirrs entsprechend massiv.

Unten:
Das Betongewicht zur Bodenverankerung ist versenkt und der Kran bringt vorsichtig die Boje aus. Nach dem Einholen der Befestigungsseile ist die Aktion beendet.

Seiten 84/85:
Ein vertrauter Anblick. Bis zum November wird der »Mann auf Tonne« jetzt wieder Wind und Wetter trotzen und stumm den vorbeiziehenden Schiffen entgegenblicken.

7

» Container für die Welt «

Ian Karan: Global Player, Mäzen und Hanseat

HJCU 801038 0

Oben:
Der Containerhandel hat Ian Karan Glück und Erfolg beschert. Als er im Juli 2007 »Capital Lease« verkaufte, war sein Container-Leasingunternehmen mit einer Flotte von 520 000 TEU (20-Fuß-Standardcontainer) das achtgrößte weltweit.

Im August 2010 wurde Ian Karan in den Senat der Freien und Hansestadt Hamburg berufen. Viele neue Aufgaben und große Erwartungen, nicht nur aus dem Bereich der Hafenwirtschaft, warten hier auf das Geschick des neuen Senators der Behörde für Wirtschaft und Arbeit.

Links und Seiten 90/91:
Fast immer, wenn ein großes Containerschiff den Hamburger Hafen anläuft, sind auch einige Frachtboxen von Ian Karans Gesellschaften dabei. Die dunkelgrünen Container mit dem weißen Logo transportieren Waren rund um den ganzen Globus. Nach dem Verkauf von »Capital Lease« handelt sein neues Unternehmen »Capital Intermodal« jetzt vor allem mit Spezialcontainern.

Ganz ohne Glück schafft man es nicht

Ian Karan hat viel erlebt und noch mehr bewegt in seinem Leben. Und für Bewegung sorgt der dynamische Wahlhamburger auch heute noch, im Büro ebenso wie bei seinen vielen sozialen und kulturellen Projekten, die er fördert. Als Anerkennung für dieses große Engagement wurde er 2007 von Hamburgs Erstem Bürgermeister, Ole von Beust, im Auftrag des Bundespräsidenten mit dem Bundesverdienstkreuz am Bande ausgezeichnet.

Seit Dezember 2009 ist Ian Karan auch offizieller deutscher Staatsbürger. Mit einem großen Fest im Freihafen und zweihundertfünfzig geladenen Gästen, darunter viele Prominente aus Wirtschaft, Politik, Kultur, Showbiz und dem Sport, feierten er und seine Familie ausgelassen die Einbürgerung.

Ian Kiru Karan, der ursprünglich aus Sri Lanka stammt, kam als Sechzehnjähriger mit einem Stipendium der evangelisch-methodistischen Kirche nach England. Dort ging er zunächst weiter zur Schule, bevor er zu studieren begann. Schließlich arbeitete er zwei Jahre als Trainee bei einer Spedition, in der er erste Erfahrungen im globalen Handel sammelte.

1970 kam er nach Deutschland, um die deutsche Sprache zu erlernen. Seine neue Wahlheimat sollte die Hansestadt Hamburg sein. Der Wechsel von der Themse an die Elbe gefiel ihm gut, nur die Anfänge waren schwer.

In Hamburg startete der Selfmademan dann eine Traumkarriere, die dem amerikanischen Mythos, »vom Tellerwäscher zum Millionär«, entspricht. Um den Lebensunterhalt zu verdienen, jobbte Ian Karan die ersten Monate als Küchenhilfe in einem vegetarischen Restaurant an den Alsterarkaden. Doch diese Zeit währte nicht lange, es folgte der Wechsel in eine deutsche Spedition. Hier nutzte er seine Fähigkeiten und wurde schon bald Abteilungsleiter, bis eine zufällige Begegnung ihn dann ins Containergeschäft brachte.

Ein amerikanischer Containerhändler wurde sein neuer Arbeitgeber. Nachdem er den Handel mit den genormten Transportbehältern ausgiebig kennengelernt hatte, wagte er 1975 den Schritt in die Selbstständigkeit.

Und er hatte Erfolg. Die Weltwirtschaft war im Aufschwung und die Nachfrage nach Containern verzeichnete ein stetes Wachstum. 1996 gründete er sein erfolgreichstes Unternehmen »Capital Lease«.

In den kommenden Jahren expandierte die Weltwirtschaft weiter. Die Reedereien gaben immer größere

MAERSK LINE
CAPITAL

HANJIN
CAPITAL
UASC
CAPITAL

Links:
Zu Ian Karans Lieblingsorten im Hamburger Hafen gehören natürlich die großen Container-Terminals. Besonders interessant ist es hier, wenn zeitgleich Schiffe an- und ablegen und auf dem gesamten Gelände alles in Bewegung scheint.

Seiten 94/95:
Während die »Houston Express« der Reederei Hapag-Lloyd, ein Containerschiff mit 330 Metern Länge, Kurs elbabwärts nimmt, beginnt ein anderer Containerriese, die »Monte Cervantes«, der Reederei Hamburg Süd, mit dem Festmach-Manöver.

Containerschiffe in Auftrag und der Handel über die Weltmeere wäre ohne die vielseitige Transportbox unmöglich geworden. Auf dieser Welle des Erfolgs schaffte es »Capital Lease« bis auf den achten Platz im Ranking der internationalen Containerverleiher.

2007 verkaufte Ian Karan seine »Capital Lease« auf dem Gipfel des Erfolgs. Eine kluge Entscheidung, wie sich bald herausstellte. Amerikanische Finanzjongleure produzierten 2008 eine Finanzkrise, die schnell und unverhofft die internationalen Märkte traf und eine weltweite Wirtschaftskrise mit ungeahnten Folgen auslöste. Einer der Hauptbetroffenen war natürlich die Schifffahrt. Reedereien, Werften und der gesamte Seehandel gerieten in schwere Turbulenzen, deren Folgen noch heute spürbar sind.

Trotz Finanz- und Wirtschaftskrise, Ian Karan macht weiter. Sein neues Unternehmen heißt »Capital Intermodal« und verleast Spezialcontainer. Der verminderte weltweite Handel führte zu Überkapazitäten und zu einem Preisverfall bei den Standardcontainern.

Kühlcontainer für Frischeprodukte, Flüssiggascontainer und andere Spezialcontainer haben ihren eigenen Markt mit steigender Nachfrage. Wie es scheint, hat Ian Karan mit seiner Wahl wieder einmal ins Schwarze getroffen und die Zeichen der Zeit erkannt. Auch wenn das neue Unternehmen nicht gleich wieder unter den Top Ten lancieren wird, langweilen werden ihn die neuen Herausforderungen ganz sicher nicht.

Und dann sind da auch noch die vielen anderen Aktivitäten, die seine Zeit erfordern. Besonders für die Jugend und den Sport setzt er sich ein. Als großzügiger Mäzen fördert er soziale und kulturelle Projekte in der Hansestadt.

Hamburg hat ihm Glück gebracht und dieses Glück möchte er mit anderen teilen. Darum fördert er Projekte wie das BGK (Bildung gegen Kriminalität), ein gemeinnütziges kostenloses Nachhilfeprojekt am sozialen Brennpunkt Osdorfer Born. Denn Bildung und Sprache sind wichtig und die Basis für ein erfolgreiches Leben. Er unterstützt dabei nicht nur finanziell, sondern nutzt seine knappe Zeit zum persönlichen Kontakt mit den jugendlichen Migranten. Beim Tischtennis oder gemeinsamen Kochen gibt es jede Menge Spaß und auch manchen guten Rat. Er macht Mut, er fördert und er ist einer von ihnen, der nie vergessen hat, woher er kam, und es mit festem Willen, guter Bildung und humaner Feinfühligkeit doch bis ganz nach oben geschafft hat. Ein Vorbild für viele und ein Glücksfall für Hamburg und den Hafen.

HOUSTON EXPRESS
Hapag-Lloyd

HAMBURG SÜD
MONTE CERVANTES
MONTE CERVANTES

Oben:
Ian Karan unterstützt soziale Institutionen, wie hier das BGK am Osdorfer Born, nicht nur finanziell, sondern mit sehr großem persönlichen Engagement. Er spielt Tischtennis, organisiert Wettbewerbe oder kocht gemeinsam mit den Jugendlichen. Und dieses Engagement kommt an bei den Kids – die gute Stimmung beweist es.

Links:
Vorrangig geht es bei dem BGK-Projekt um die Förderung schulischer Leistungen durch kostenlose Nachhilfe. Es bleibt aber auch genügend Zeit für unterschiedliche Spiel- und Sportaktivitäten, wie hier beim Breakdance.

Unten:
Wieder geht ein Event mit Spiel und Spaß zu Ende und alle wollen mit aufs Gruppenbild.

» Management für einen Welthafen «

Hamburgs Hafenkäpitän

8

Oben:
Hafenkapitän Jörg Pollmann in seinem Büro in den Gebäuden der historischen Speicherstadt, Neuer Wandrahm 4. Aus dem Fenster fällt der Blick auf die Kirche St. Katharinen und den Zollkanal.

Links:
In der Nautischen Zentrale in Finkenwerder laufen alle Informationen zur Koordination des Hamburger Hafens zusammen. An 365 Tagen im Jahr, 24 Stunden lang, werden von hier, ähnlich wie im Flugverkehr, die Routen ankommender und abgehender Schiffe überwacht und geleitet. Die Revierzentrale ist mit neuster Technik ausgestattet und verfügt über eins der modernsten Vehrkehrssicherungssysteme weltweit.

Seiten 102/103:
Alle Schiffe mit Ziel Hamburger Hafen werden bereits bei ihrem Eintritt in deutsche Hoheitsgewässer in der Nordsee von den Sicherheitssystemen erfasst und identifiziert. Auf den Monitoren in der Nautischen Zentrale wird fortan jede Schiffsbewegung beobachtet, werden Liegeplätze bestimmt und ankommender wie abgehender Verkehr koordiniert.

Was macht Hamburgs Hafenkapitän?

Jörg Pollmann ist ein vielbeschäftigter Mann. In gleich drei Funktionen ist er für den reibungslosen Ablauf im Hamburger Hafen verantwortlich: als Hafenkapitän, Leitender Nautischer Direktor und Leiter des Oberhafenamts. Viele Titel, viele Aufgaben — es gibt wohl kaum etwas, das im Hamburger Hafen abläuft, was nicht in seinen hoheitlichen Aufgabenbereich fällt.

Vorrangigste Aufgabe ist, die Verkehrssicherheit und Leichtigkeit im Hafen zu gewährleisten. Eine Aufgabe, die auch schon einmal für Reibungspunkte mit Hafennutzern führen kann, denn nicht immer sind die Nautiker des Oberhafenamtes und die »Jungs vom Hafen« einer Meinung. Doch ein internationaler Seehafen braucht Regeln, um zu funktionieren und weltweit gibt es Hafenkapitäne wie Pollmann, die hier für Verlässlichkeit und Sicherheit sorgen.

In Hamburg hat der Beruf oder besser die Funktion des Hafenkapitäns eine lange Tradition. Ein langes Register, das bis ins 17. Jahrhundert zurückreicht, dokumentiert dies. Die Titel variierten, aber die grundsätzlichen Aufgaben sind geblieben.

Der Zuständigkeitsbereich umfasst den gesamten Hamburger Hafen. Das von Jörg Pollmann geleitete Oberhafenamt ist in drei Amtsbereiche, Ost, Süd und West, gegliedert und gehört als eigenständiger Geschäftsbereich zur Hamburg Port Authority (HPA), einer Anstalt öffentlichen Rechts. Vormals war die Hamburg Port Authority als Amt für Strom- und Hafenbau Teil der Wirtschaftsbehörde. Um mehr Flexibilität zu gewinnen, wurde sie 2005 ausgegliedert und mit anderen Bereichen zusammengefasst.

Als Hafenkapitän nimmt Jörg Pollmann vorwiegend hoheitliche Aufgaben wahr und ist in dieser Funktion auch Chef der Schifffahrtspolizeibehörde. Im Unterschied zur Polizei, die exekutive Aufgaben wahrnimmt, regelt die Schifffahrtspolizei Abläufe und ist für die Verkehrsregelung im Vorwege zuständig. So fallen zum Beispiel sicherheitstechnische Planungen für alle Großveranstaltungen, wie das Silvesterfeuerwerk an den Landungsbrücken, Schiffstaufen oder die Cruise Days, in diesen Aufgabenbereich.

Eine weitere Herausforderung ist der jährlich stattfindende Hafengeburtstag. Während des dreitägigen Hafenfestes haben Jörg Pollmann und sein Team ein volles Dienstprogramm. Bereits ein Jahr vorher beginnen die Planungen der Paraden und der Verkehrsregelung, einschließlich der umfangreichen Absperrmaßnahmen. Dazu kommt die Aufgabe, unzählige zusätzliche Liegeplätze für Groß- und

RDP 1
ATLAS ELEKTRONIK
INFOTRONIC

RDP 2
INFOTRONIC

t schon heute der Wind von morgen.
U27

Oben:
Hafenkapitän Jörg Pollmann geht an Bord der »U 27 Brasil«. Das Schulschiff der brasilianischen Marine war zu einem offiziellen Besuch der Bundesrepublik Deutschland eine Woche lang zu Gast in der Hansestadt. An Bord waren neben der zweihundert Personen starken Besatzung, weitere 200 Offiziersanwärter auf Ausbildungsreise.

Mitte:
Zur Verabschiedung von Schiff und Besatzung wird Kapitän Pollmann vom Kommandanten und den Führungsoffizieren der »Brasil« zu einem letzten kurzen Meinungsaustausch empfangen. Danach verlässt das Marineschiff seinen Liegeplatz an den Landungsbrücken und tritt die Weiterreise nach Skandinavien an.

Links:
Gegen Mittag beginnt das Ablegemanöver. Während des einwöchigen Aufenthalts gab es ein umfangreiches Besuchsprogramm für die Besatzung der »Brasil«, eine Einladung zum Senatsfrühstück und die Gelegenheit zu Gesprächen mit Angehörigen der großen, in Hamburg ansässigen brasilianischen Gesellschaft.

Gästeschiffe im Hafen zu organisieren.

Hochinteressant ist auch die alltägliche Organisation des Hamburger Hafens mit seinem variablen Schiffsverkehr. Als Leitender Nautischer Direktor sorgt Jörg Pollmann mit seinem erfahrenen Mitarbeiterstab für einen möglichst reibungslosen Verkehr auf der Elbe.

Das Herzstück für diese Organisation ist die Nautische Zentrale in Finkenwerder. Das towerartige Gebäude am Elbufer ist bis unters Dach mit modernster Sicherheitstechnik ausgestattet. Ein kombiniertes, hochauflösendes System sammelt Radarinformationen, Satellitendaten und die Transpondersignale der Schiffe, bündelt diese Informationen, wertet sie aus und lässt sie direkt in die Verkehrsleitung einfließen.

Die Regelung des ankommenden und abgehenden Schiffsverkehrs wird von den Mitarbeitern in der Zentrale meist über einen Zeitraum von 24 Stunden geplant. Dabei werden neben dem Wetter die Gezeiten, die Ladung und der Tiefgang der Schiffe berücksichtigt. Besonders wenn große Containerschiffe im Hafen angekündigt sind, oder wenn sich zwei große Schiffe an einer engen Elbstelle begegnen, sind die ausgewerteten Koordinierungsdaten von unverzichtbarem Wert.

Die Hafenlotsen, die Hafenschlepper und Hafenbetriebe erhalten so von hier präzise Informationen für ihre Planungen. Nur mit großem technischen Aufwand ist heute ein tideabhängiger Welthafen auch bei schlechtem Wetter, bei eingeschränkter Sicht durch Nebel oder des Nachts sicher und effizient zu betreiben.

Neben seinen sehr verantwortungsvollen Aufgaben hat Jörg Pollmann auch viele schöne Pflichten. Als Hafenkapitän empfängt er Gäste aus der ganzen Welt, begrüßt Cruise Liner und Marineverbände, ist gern gesehener Gast auf allen maritimen Veranstaltungen und überreicht als Repräsentant einer weltoffenen Hafenstadt Grußplaketten an prominente Besucher.

Wie sagte Kapitän Pollmann: »Die Chance, Hafenkapitän zu werden, hat man nur einmal in seinem Leben« — wohl wahr, er hatte die Chance, er hat sie genutzt und traf damit eine gute Entscheidung.

HAMBURG SÜD
Kapitän Jörg Pollmann
Hafenkapitän
Hamburger Hafen
Hamburg Port Authority

Links:
Im August 2009 findet am Containerterminal Burchardkai die Taufe der »Rio Blanco« statt. Als Repräsentant des Hamburger Hafens überreicht Hafenkapitän Jörg Pollmann während der Taufzeremonie dem Kapitän des Schiffes eine Grußplakette.

Rechts:
Bei strahlend schönem Wetter tauft Nina-Maria Oetker im Beisein ihres Ehemannes Dr. h.c. August Oetker den vierten Neubau einer Serie von insgesamt sechs baugleichen Containerschiffen der Reederei Hamburg Süd.

»Es ist eine große Ehre für mich, die Taufpatin dieses neuen Schiffes zu sein. Möge Gott dich und alle, die mit dir fahren, beschützen. Ich taufe dich auf den Namen ›Rio Blanco‹.«

Ein kräftiger Schlag mit einem vergoldeten Beil durchtrennt das Seil der Taufvorrichtung und die Sektflaschen zerschellen am feuerroten Bug der »Rio Blanco«.

Unten:
Pressetermin vor dem 270 Meter langen Containerschiffneubau »Rio Blanco«: Taufpatin Nina-Maria Oetker, Dr. h.c. August Oetker mit Hamburg Süd Geschäftsführer Dr. Ottmar Gast und Frau.

HANJIN
COSCO
COSCO
COSCO GERMANY

RIO BLANCO
TERMINAL BURCHARDKAI
HHLA
330

» Wir gehen der Sache auf den Grund «

Berufstaucher im Hamburger Hafen

9

TAUCHER
27

703.003

Oben:
Unmittelbar vor dem Tauchgang bespricht der Taucher letzte Details mit dem Einweiser des Krans. Am Einsatzort ist der Platz beengt und der Taucher möchte möglichst nah an der Arbeitsstelle am Schiffsrumpf abgesetzt werden. Die Teile, die er ausbauen soll, muss er ertasten. Sehen kann er im Hafenwasser meistens nichts.

Links:
Mit der schweren Ausrüstung ist es nicht so einfach, in den Mannkorb zu klettern. Sobald der Taucher im Wasser ist, neutralisiert sich das Gewicht.

Seiten 114/115:
Ausgerüstet mit Scheinwerfer und Videokamera wird der Taucher gleich die Spundwand einer Kaianlage auf mögliche Beschädigungen untersuchen. Im Taucherfahrzeug an Land begutachtet ein Fachingenieur auf dem Monitor die Bilder, die aus der Tiefe kommen. Über die stehende Sprechverbindung kann er dem Taucher Anweisungen geben und sich kritische Stellen direkt im Nahbereich anzeigen lassen.

Ein Job mit viel Gefühl, denn sehen kann man nichts

Seit Monaten hat die Luxusjacht im Trockendock gelegen. Bevor das Schiff ausgedockt wird, prüfen Ingenieure alle fertigen Bauabschnitte. Die Qualitätskontrolle beanstandet kleinere Mängel bei der seewasserfesten Lackierung einiger im Unterwasserbereich liegender Bauteile. Eine schnelle Reparatur ist jetzt nicht mehr möglich, denn die Liegezeit im Dock ist abgelaufen und das nächste Schiff wartet bereits auf seine vor Wochen vereinbarte Reparatur. Zeit ist Geld in diesem dynamischen Geschäft und auch ohne Dock müssen die mangelhaften Teile erneuert werden.

So oder ähnlich beginnen die Einsätze von Berufstauchern im Hamburger Hafen. Während im Neubau am Ausrüstungskai der Werft die Innenausbauten unter Hochdruck voranschreiten, trifft am Kai das bestellte Tauchunternehmen ein.

Es ist das übliche Dreierteam, bestehend aus zwei Tauchern und einem Signalmann, in diesem Fall ein Taucher in der Ausbildung. Ihr Transporter ist bis unters Dach mit allem notwendigen Tauchequipment beladen. Die Reihenfolge, wer im Wasser und wer an Land arbeitet, wechselt ständig. Die Arbeit unter Wasser ist anstrengender und wird aus diesem Grund mit Zuschlägen honoriert. Während sich der ausführende Taucher vom Bauleiter anhand von Plänen die Lage und Befestigungen der auszubauenden Strömungsgitter erläutern lässt, bereiten seine Kollegen das Equipment für den Tauchgang vor. Auch an Land sind die Aufgaben klar verteilt. Der Signalmann assistiert dem Einsatztaucher, hilft beim Anlegen des Tauchgeräts, macht Zureichungen, hält über die Signalleine Verbindung und achtet auf die Versorgungsschläuche. Der zweite Taucher steht für Notfälle zur Verfügung und hält ständigen Sprechkontakt zu seinem Kollegen unter Wasser.

Obwohl in der Nähe des Werftkais kaum mit störendem Schiffsverkehr zu rechnen ist, muss vor dem Tauchgang mit der blau-weißen »Alpha-Flagge« die Tauchzone gesichert werden. Die Flagge ist ein internationales Warnzeichen und signalisiert Schiffsführern: »Taucher im Wasser, Abstand halten, Geschwindigkeit reduzieren«.

Nachdem sich das Taucherteam untereinander genau über die Abwicklung des Auftrags verständigt hat, kann die Arbeit beginnen. Um möglichst in der Nähe des gekennzeichneten Einstiegsplatzes abtauchen zu können, wird ein Kran den Taucher im Mannkorb bis dicht an diese Stelle bringen. Von der Wasseroberfläche muss er dann, immer die Bordwand fühlend, bis auf fünf Meter

TAUCHER

Oben:
Mit einem großen Schritt springt der Taucher von einem Ponton ins Wasser. Der Signalmann assistiert beim Eintieg und achtet darauf, dass Schläuche und Leinen sich nicht verwickeln.

Links:
Schmutzig schwarzer Elbschlick klebt an den Taucherhänden. Beim Arbeiten hat er sein Werkzeug verloren und nur mit viel Glück und seinem Tastsinn wiedergefunden. Alle Gitter sind ausgebaut und der Auftrag erfolgreich abgeschlossen.

Unten:
Nach dem Tauchgang wird die internationale »Alpha-Flagge« wieder entfernt. Die Flagge sichert den Arbeitsbereich und signalisiert Schiffsführern: »Taucher im Wasser, Abstand halten, langsam passieren«.

abtauchen. Unter Wasser hat er keine Sicht. Die auszubauenden Gitter und die Befestigungsschrauben müssen ertastet werden. Damit er sein Werkzeug, einen Schraubenschlüssel, nicht verliert, hat er ihn mit einem Seil am Handgelenk befestigt. Alles, was hier verloren geht, versinkt unwiederbringlich im schwarzen Elbschlick. Um den Ehrgeiz nichts zu verlieren zu steigern, hat das Team eine stille Vereinbarung getroffen: Wer unter Wasser etwas verliert, muss dafür die anderen zu einem opulenten Essen einladen. Doch heute geht es ohne Verluste. Nach gut fünf Stunden sind alle Gitter auf der Steuerbordseite ausgebaut und bereit für die Nachbearbeitung. Morgen kommt das Team noch einmal, dieses Mal aber mit dem Boot, um dann die Gitter auf der Backbordseite zu wechseln.

Es gibt auch noch andere Aufgaben für die Taucher im Hafen. Dazu gehören Inspektionsaufgaben an den Kaianlagen, Bauüberwachungen oder Objektplanungen, Vermessungsarbeiten, der Rückbau von Hafenbefestigungen, Bergungsarbeiten und Gutachten. Die Liste könnte man noch beliebig fortführen. Hinzu kommen natürlich auch Arbeiten außerhalb des Hamburger Hafens in Deutschland und internationale Projekte.

Waren es vor einigen Jahren die Arbeiten an Talsperren, Klärwerken oder Atomkraftwerken, die höhere Auslastungen und Anforderungen mit sich brachten, so sind es heute vielfach große Offshore-Projekte, die lukrativ für die Berufstaucherei sind. Der wachsende Energiebedarf hat sich auf die Meere ausgedehnt. Große Windparks zur regenerativen Energiegewinnung entstehen in Nord- und Ostsee und auch dort sind Berufstaucher gefragt.

Um alle Anforderungen bedienen zu können, sind viele Berufstauchunternehmen technisch hoch gerüstet. Für Arbeiten in großen Tiefen werden meist Tauchroboter eingesetzt und moderne Sonargeräte ersetzen die Augen des Tauchers. Sie sehen im undurchsichtigen Hafenwasser 50 Meter weit.

Für den Transport der Taucher und der Ausrüstung sind neben Fahrzeugen die unterschiedlichsten Spezialschiffe nötig. Inspektionsschiffe für Sonarinspektionen, Kranschiffe, Schuten, Pontons und weiteres Equipment. Und alle Geräte und Fahrzeuge müssen von den Tauchern bedient werden. Neben der Berufstaucherausbildung, einem abgeschlossenen Handwerksberuf und körperlicher Fitness sind hier vor allem Zusatzqualifikationen gefragt. Wer diese Voraussetzungen erfüllt, braucht noch etwas ganz Besonderes: viel Fantasie, um in den trüben Fluten die bunte Hafenwelt nicht ganz zu vergessen.

HAUX
HAUX T C
MONITOR AC
MONITOR MC
MC
HAUX-OXYMETER
CHER HEROS

Links:
Ein letzter Check vor der Abreise. Die neue Druckkammer wird in wenigen Stunden bereits auf einem Ponton in der Ostsee vor Dänemark stehen. Das Hamburger Tauchunternehmen Heros ist beteiligt an einem internationalen Offshore-Projekt, bei dem ein Windpark mit 93 Windkrafträdern in der Ostsee entsteht. Die Druckkammer, in der mehrere Taucher gleichzeitig nach einem Tauchunfall behandelt werden können, ist Teil eines umfangreichen Sicherheitskonzeptes, das die internationalen Standards vorschreiben.

Unten:
Weil das Einsatzgebiet von regional bis international variieren kann, muss das gesamte Equipment jederzeit transportfähig sein.
In speziellen Tauchcontainern wird daher alles vorgehalten, was für das operative Geschäft benötigt wird – von der kompletten Ausrüstung bis zur Werkstatt und Druckkammer.

Links:
An der Rathauskulisse vorbei gleitet das Ponton-Schubboot aus dem Hafen kommend durch den Alsterfleet in die Binnenalster. Hier wird das Spezialschiff der Taucher beim Bau einer schwimmenden Hubschrauberplattform benötigt.

Unten:
Mit einem Kran werden die per Lkw an den Jungfernstieg transportierten Pontons entladen. Im Anschluss werden die Segmente direkt auf dem Wasser zu einer großen Pontonfläche zusammengefügt. Der Ponton ist für den Zeitraum des Alstervergnügens gemietet worden und soll in einem guten Sicherheitsabstand vom Ufer im Wasser der Binnenalster schwimmen. Von dort werden dann täglich Hubschrauber-Rundflüge organisiert. Mit dem Schubboot wird die fertige Plattform an den vorgegebenen Platz geschoben und dort fest verankert.

10

» Kultimbiss und Seemannsgarn «

Die Welt des Käpt'n Schwarz

NEW YORK

KASSE
Stadtrundfahrt
und Hafenrundfahrt
Tickets und Info
hier !

Oben:
Reinhard Schwarz oder besser Käpt'n Schwarz, wie ihn alle nennen, ist ein Hamburger Original. Seinen Imbiss vor dem alten Elbtunnel mit den leckeren Fischbrötchen kennen nicht nur Busfahrer aus der gesamten Republik, auch seine Hafentouren sind »heiß begehrt«, und das regionale Fernsehen berichtet gern mal über ihn

Links:
Holz statt Edelstahl und kein modernes Design. Der kleine Imbiss mit dem »Veranstaltungsbüro«, das groß das Wort KASSE ziert, ist rein zweckorientiert gebaut, nicht modisch und versprüht den Charme der achtziger Jahre. »Nicht alles wird besser, wenn man es erneuert«, meint der Käpt'n und: »Etwas Nostalgie ist gut fürs Geschäft.«

»Moin, moin — wollt ihr ein Fischbrötchen oder eine Hafenrundfahrt?«

Die bayrische Schulklasse, die Käpt'n Schwarz mit diesen Worten an einem dieser typischen Morgen mit Hamburger Wetter anspricht, zieht wort- und emotionslos an ihm vorbei. Andere wären entmutigt, aber nicht Käpt'n Schwarz. Er legt nach: »Wollt ihr den Weg zu McDonald's wissen?« Wie elektrisiert kommt Leben in die Gruppe und wie ein Echo tönt es einstimmig: »Jaaa!« Das Eis ist gebrochen, man kommt ins Gespräch und dann wird es doch was mit der Hafenrundfahrt.

Reinhard Schwarz oder Käpt'n Schwarz, wie ihn alle nennen, weiß, wie man Menschen richtig anspricht. Nicht umsonst ist er seit vielen Jahren erfolgreich im hart umkämpften Hafentourismusgeschäft tätig.

Doch das war nicht immer so. Angefangen hat er im Hafen als Ewerführer. Ein Beruf, für den es in der modernen Hafenwirtschaft bald keinen Platz mehr gab. Ewerführer waren für die Schuten, für die antriebslosen Ladekörper verantwortlich, mit denen Güter von Schiff zu Schiff oder an andere Kaianlagen transportiert wurden. Mit der Einführung der Container verschwanden die meisten Schuten und mit ihnen der Berufsstand. Danach ist Reinhard Schwarz als Decksmann auf Barkassen und Schleppern gefahren. Nach vollendeter Fahrzeit hat er sein Patent gemacht und 1980 sein erstes Schiff, einen Schlepper, bekommen. Zehn weitere Jahre bei unterschiedlichen Schleppreedereien folgten.

1990 begann dann mit dem Wechsel vom Schlepper auf die Hafenrundfahrt-Barkasse eine neue Ära. Nur eine gute Saison lang währte die Zusammenarbeit mit einem der ganz Großen in dieser Branche, dann endete das Angestelltenverhältnis schon wieder.

Es folgten erste Schritte in die Selbstständigkeit mit der Vermittlung von Hafenrundfahrten an Busreiseveranstalter. Ein Zufall führte dann den mittlerweile viel beschäftigten Vermittler und die Inhaberin einer Rundfahrtbarkasse, deren Mann und Skipper im Hafen tödlich verunglückt war, zusammen und man vereinbarte eine geschäftliche Partnerschaft, die bis heute erfolgreich fortbesteht.

Von nun an vermittelte Käpt'n Schwarz nicht nur Hafenrundfahrten, sondern er fuhr die Gäste auch wieder selbst durch den Hafen — vierzehn Jahre lang, sieben Tage die Woche, von früh morgens bis in den späten Abend.

Ein weiterer glücklicher Umstand ergab, dass der langjährige Inhaber

TONNE

MVR

Seiten 126/127:
Aus der ehemaligen HADAG-Fähre »Tonndorf« wurde der Vergnügungsdampfer »Tonne« des Käpt'n Schwarz, hier bei einer der ersten Probefahrten nach der umfangreichen Restaurierung auf dem Köhlbrand zu sehen.

Oben:
Ein echter Profi in Sachen Hafenrundfahrt. Vierzehn Jahre lang hat der Käpt'n selbst am Ruder gestanden und mit launigen Worten den »Landratten« das kleine Hafen-ABC beigebracht. Heute managt er eher vom Land aus das Geschehen. Die »flotten Sprüche« beherrscht er dabei immer noch.

Links:
Auch während der kleinen Pause in der Mittagszeit gibt das Handy keine Ruhe. Gutes Wetter zieht die Besucher magisch in den Hafen und im Tourismusgeschäft muss man flexibel sein. Die als Sonnenbank genutzte Schiffsschraube ist die frisch restaurierte Originalersatzschraube der »Tonne«.

des kleinen Imbisses am alten Elbtunnel, bei dem Reinhard Schwarz bereits seit einiger Zeit sein provisorisches Büro hatte, aus Altersgründen nach einem Nachfolger suchte. Trotz vieler weiterer Interessenten wurden sich die beiden schnell handelseinig und das Hafengeschäft des Käpt'n hatte ein weiteres Standbein.

Die leckeren Fischbrötchen aus des Käpt'ns Küche erfreuen sich großer Beliebtheit und wenn die Busse mit neuen Hafenbesuchern eintreffen, gehen in Windeseile ganze Berge von Matjes-, Bismarck- und Bratheringsbrötchen über den Tresen. Besonders lecker, jedoch nichts für Kalorienzähler, ist auch der »heiße Backfisch«, ein Fischfilet in knuspriger Panade mit Remoulade im frischen Brötchen.

Wenn man wie Käpt'n Schwarz die meiste Zeit seines Lebens im und am Hafen verbracht hat, ist es naheliegend, dass man auch hier wohnen möchte. Als echter Hafenfan hat er daher ein Schiff gesucht, das sich umgebaut zum Hausboot eignet.

Gefunden hat er einen wahren Hafenschatz, einen Veteran, die »Tonndorf«. Ein halbes Jahrhundert haben diese eigenwillig geformten Fährschiffe der HADAG das Bild des Hamburger Hafens geprägt. »Plätteisen« wurden sie liebevoll im Volksmund genannt und zählten zu den beliebtesten Fotomotiven für Ansichtskarten der 1960er-Jahre.

Beim Kauf war die »Tonndorf« in einem ziemlich verwahrlosten Zustand. Zuletzt hatte sie noch eine Zeit lang als schwimmender Werbeträger, knallrot gestrichen, für ein Nachrichtenmagazin geworben. Danach fand sie lange keinen Käufer und lag abgestellt auf dem Gelände einer Werft.

Nach umfangreichen Restaurierungsarbeiten hat sie inzwischen nicht nur ihren traditionellen weißen Decksanstrich wieder, sie ist auch sonst wieder »gut in Schuss« und voll fahrtüchtig. Üblicherweise erlischt bei offiziellen Transportschiffen die Fahrerlaubnis zum Personentransport mit dem Verkauf. Hier war die Zulassung aber noch vorhanden. Das hätte selbst der Käpt'n nicht für möglich gehalten.

Kurzentschlossen wurden die Umbaupläne zum Hausboot verworfen. Denn ein solches Schiff darf nicht an der Kette liegen, wenn man stattdessen mit ihm und Fahrgästen die schönsten Hafentouren machen kann.

Seine schwimmende Wohnung hat Käpt'n Schwarz verloren, die Freiheit für neue individuelle Hafenabenteuer aber dazugewonnen. Und ein Hausboot wird er irgendwann auch noch finden.

Links:
Unter Deck schlägt das Herz der »Tonne«. Wie die anderen drei in den 1960er-Jahren gebauten HADAG-Typschiffe des Typ III ist die »Tonne« mit einem Diesel-Direktantrieb und Getrieben ausgerüstet. Die ursprünglich auf den Namen »Tonndorf« getaufte Hafenfähre war 1960 von der Sietas-Werft gebaut worden und zählte zu den letzten HADAG-Schiffen, die mit ihrer eigenwilligen Form nachhaltig das Bild des Hamburger Hafens bis ins Jahr 2002 geprägt haben.

Unten:
Das große Steuerrad der »Tonne« erfordert bei schnellen Manövern vollen Körpereinsatz. Doch auch dieses Relikt einer technisch überholten Epoche wird bald ein Ende haben. Dann wird auch die »Tonne« mit einem zeitgemäßen hydraulischen Steuersystem ausgerüstet werden und sich leicht per Joystick steuern lassen.

Seiten 132/133:
Unter der Rethehubbrücke hindurch geht die Fahrt zurück in Richtung Liegeplatz im Harburger Binnenhafen.

» Endstation für Anker & Co. «

Hafenschrott und Abriss-Jobs

11

Oben:
Heiko Miersen ist Schrotthändler mit Leidenschaft. Für ihn ist das der beste Job der Welt.

Links:
Unübersehbar: Der blaue Schiffsbug mit der eisernen Matrosensilhouette markiert die Einfahrt zum Abwrackplatz am Elbdeich.

Unten:
Dichter November-Nebel zieht über den Schrottplatz und verhüllt das skurrile Durcheinander.

Ein Schrottplatz, schön wie eine Filmkulisse

Gleich hinter der hohen Flutschutzmauer weist der in schrillem Blau gestrichene abgetrennte Schiffsbug mit der eisernen Matrosensilhouette dem Besucher den Weg zu einem der letzten Abwrackplätze im Hamburger Hafen.

Bizarr wie die Güter, die hier täglich gesammelt, zerlegt, sortiert und recycelt werden, ist auch die Gegend. Am hintersten Ende des Moorburger Elbdeichs, in unmittelbarer Nähe zur Großbaustelle des neuen Kohlekraftwerks und umgeben von verwilderter Elbnatur gelegen, hat der Schrottplatz eine ureigene, fast unrealistisch erscheinende Wirkung. Noch stärker kann man diese Stimmung im Herbst empfinden, wenn träge Nebelschwaden ganz langsam das Elbufer heraufkriechen und den gesamten Platz in weißes, mystisches Licht hüllen.

Diese ungewöhnliche Atmosphäre haben inzwischen auch schon einige Location-Scouts der Filmgesellschaften für sich entdeckt. Der Schrottplatz bietet eine ungewöhnliche Kulisse, vollgestopft mit skurillen Requisiten, die sich gut für Krimis und Abenteuerfilme eignet.

Doch als Drehort wird der Platz eher selten genutzt. Normalerweise wird hier nicht künstlerisch, sondern sehr hart handwerklich gearbeitet. Mit Schweißbrenner und Hydraulikscheren wird alter Stahl zerlegt, werden Schiffsaufbauten in transportfähige Elemente geschnitten; es wird sortiert, verteilt und Brauchbares von Unbrauchbarem getrennt.

Heiko Miersen hat hier das Zepter fest in der Hand. Er ist der ungekrönte Herrscher über Tonnen von Hafenschrott. Für ihn ist das der beste Job der Welt. Dazu seine fast philosophische Betrachtungsweise: »Haben wir als Kinder nicht alle gern bunte Bauklötze aufeinandergestapelt, dann unten einen herausgezogen und mit Begeisterung das imposante Bauwerk zum Einsturz gebracht?« Das Prinzip ist geblieben, bezahlt wird der Job gut und Spaß macht es ihm auch heute noch.

Nur die Dimensionen sind jetzt andere. Wenn tonnenschwere Verladebrücken im Hafen Platz machen müssen für neue, schnellere Verladeeinheiten, ist das kein Kinderspiel mehr. Alles muss exakt geplant werden. Sicherheit steht an erster Stelle und die Technik muss stimmen. Nur so ist es möglich, in einem Tidehafen das vorgegebene Timing einzuhalten. Kann ein benötigter Schwimmkran nur bei Niedrigwasser bestimmte Brücken passieren, so braucht er am Einsatzort vielleicht Hochwasser. Jeder Abriss-Job ist anders und man braucht eine

FSCU 698110 3
45G1

ADMIS PAR SNCF

Seiten 138/139:
Die großen Anker stammen von einem ehemaligen Feuerschiff und sollten zerlegt und eingeschmolzen werden. »Viel zu schade dafür«, fand Heiko Miersen, der solche Objekte liebt. Folglich musste eine andere Verwertung gefunden werden.

Oben:
Vor dem St.-Pauli-Stadion am Millerntor haben die Anker ihren neuen Standort gefunden. »Wir sind anders« ist das Motto des beliebten Fußballvereins, und dazu passen die ungewöhnlichen Blickfänge recht gut.

Links:
Von der obersten Plattform der Verwaltungscontainer hat man einen guten Überblick über das gesamte Areal bis hin zur Elbe. Alles, was wiederverwertbar ist, wird hier genutzt. Bei Sonnenlicht leuchten die Bodenplatten aus rostigem Stahl strahlend orange.

Menge Erfahrung, damit alles funktioniert. Und technische Probleme gibt es häufig, dann ist Kreativität und Improvisationstalent gefragt.

Daran mangelt es Heiko Miersen nicht, schließlich macht er diesen Job schon seit mehr als 20 Jahren. Angefangen hat er zusammen mit dem Vater. Der war Prokurist bei einem großen Schrottbetrieb gewesen und kannte das Geschäft. Heiko war zunächst Dachdecker, konnte aber nach einem Unfall nicht mehr in diesem Beruf arbeiten. Als auch der Vater aus gesundheitlichen Gründen nach einer neuen Tätigkeit suchte, begannen sie gemeinsam mit dem Schrotthandel eine neue Exsitenz aufzubauen.

Was 1987 mit einem alten klapprigen Siebeneinhalb-Tonner und dem Schrottsammeln begann, hat sich mit den Jahren zu einem vielseitigen Recycling- und Abrissunternehmen entwickelt. Der Abwrackplatz besteht auch bereits seit 20 Jahren und immer wieder landen hier Gegenstände, die, wie Heiko meint, einfach zu schade zum Recyceln sind.

Kürzlich waren es die großen Anker eines Schiffsveteranen, die für den Transport zur Eisenhütte vorbereitet werden sollten. Darunter wunderschöne alte Treibanker, wie sie kaum noch zu finden sind. Zu schade zum Entsorgen, zu groß für Heikos Garten, der ohnehin schon viel zu viele »Raritäten« beherbergt, und vor allem auch einen »Tick zu groß« für die Blumenbeete von Heikos Frau, die für seine Pläne nicht so recht begeistert werden konnte. Um den häuslichen Frieden nicht unnötig zu strapazieren, musste also eine andere Lösung her. Für jemanden wie Heiko war das kein wirkliches Problem.

Als eingefleischter St.-Pauli-Fan hatte er schnell den Gedanken, dass ein unkonventioneller Fußballverein wie der FC St. Pauli ein geeigneter Abnehmer sein könnte. Wären die Anker doch wie geschaffen für die Gestaltung des Platzes vor dem neuen Stadion. Das Stadion bekäme etwas maritimes Flair, und die solide Ausführung der Anker würde selbst den stärksten Emotionen der St.-Pauli-Fans nach Sieg oder Niederlage standhalten können.

Dem Vereinsvorstand gefiel der Vorschlag und seitdem zieren Heikos Anker als maritimes Kleinod den Stadionplatz am Millerntor.

Links:
Die grob zerschnittenen Ausleger der Verladebrücke werden vom Schwimmkran am Pier abgelegt und dann zu einem Sammelplatz gebracht.

Seiten 144/145:
Mit Schneidbrennern werden die Segmente weiter in transportfähige Stücke zerlegt.

Oben:
Die Be- und Entladezeiten im Hafen werden immer kürzer. Zukünftig wird an dieser Stelle ein einzelner neuer Wippkran die Arbeit von drei veralteten Stückgutverladebrücken übernehmen. Für den Abriss wird auch ein großer Schwimmkran benötigt. Dabei ist es enorm wichtig, den vorausberechneten Zeitplan einzuhalten, da der Kran nur tideabhängig eingesetzt werden kann. Bereits kleine technische Komplikationen können daher große Zeit- und Kostenprobleme verursachen.

Links:
Heiko Miersen packt auch gern selbst mit an. Besonders bei schwierigen und gefährlichen Arbeiten steuert er am liebsten selbst den Greifer.

» Der Gipfel der Genüsse «

Sternegastronomie auf Hamburgs höchstem Berg

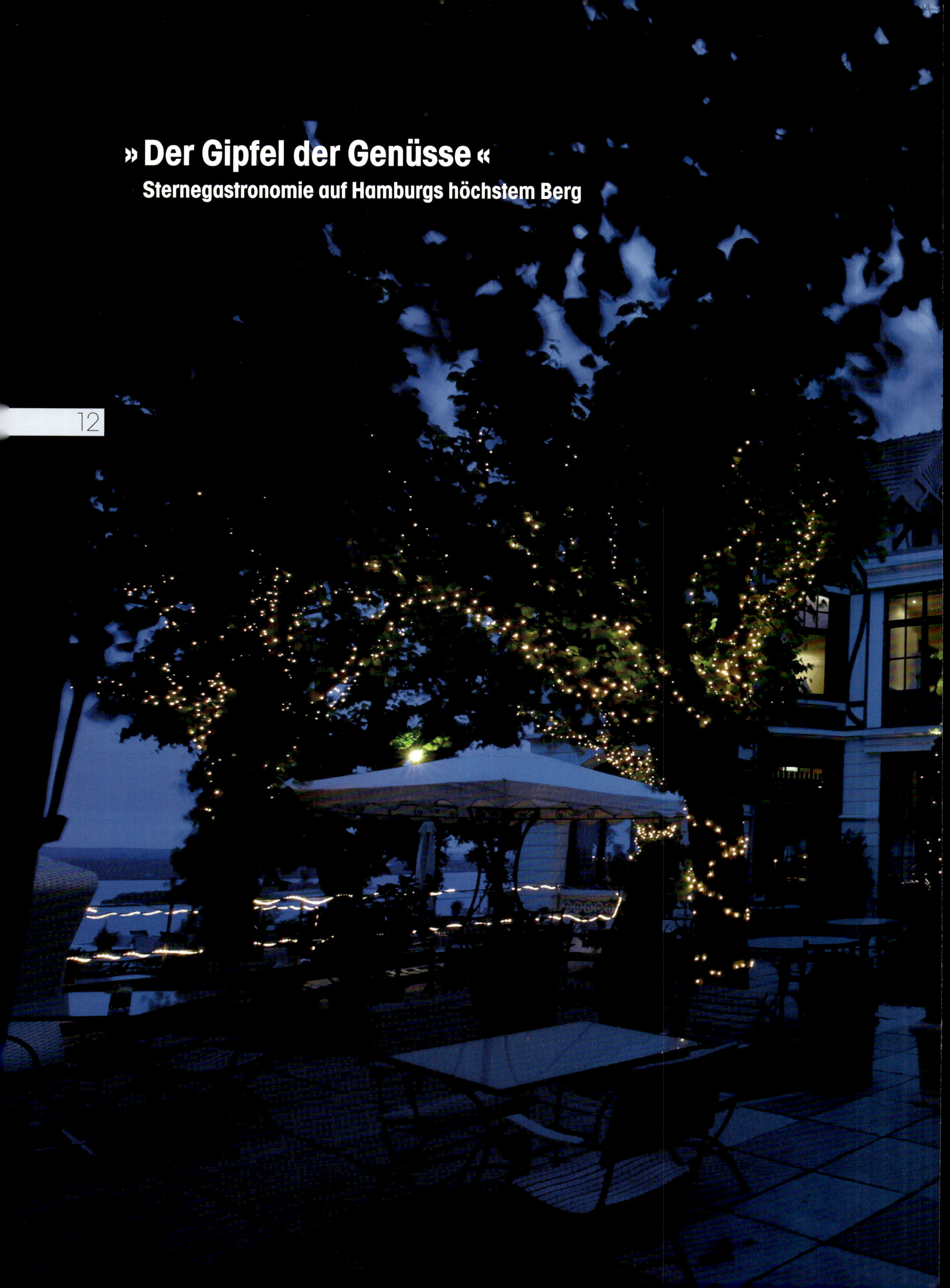

Oben:
Sternekoch Karlheinz Hauser auf der Terrasse des Süllberg Restaurants. Hier kann man großartig speisen und hat dabei einen fantastischen Blick auf die Elbinsel Schweinesand, das Naturschutzgebiet Neßsand und weit hinein ins »Alte Land«.

Links/unten:
Große schattenspendende Eichen- und Lindenbäume umgeben das Saalgebäude mit dem kleinen Turm. Mit viel Liebe zum Detail sind die wilhelminischen Rotklinkergebäude restauriert worden.

Seit 1850 zählt der 75 Meter hohe Süllberg zu Hamburgs beliebtesten Ausflugszielen. Generationen von Hamburgern haben hier Hochzeiten, Familienfeiern und rauschende Feste gefeiert und dabei den Blick auf Elbe und Schiffe genossen.

Gaumenfreuden mit Weitblick

Es sind zwei, die viel erlebt haben – der Süllberg, Hamburgs traditionsreiche Restauration im noblen Stadtteil Blankenese, und der renommierte Spitzenkoch Karlheinz Hauser – zwei, die Gemeinsamkeiten haben, die verbinden und Erfolg versprechen.

Namhafte Gourmetführer würdigen Karlheinz Hausers Kochkunst seit Jahren. Einem breiten Publikum ist er sicher auch aus der täglichen ARD-Fernsehsendung »Buffet« bekannt, in der er jeden Montag etwas Leckeres zubereitet.

Die Begeisterung am Kochen entdeckte Karlheinz Hauser bereits als kleiner Junge, angeregt von den Speisen, die seine Mutter kochte. Aus erstem Interesse wurde Leidenschaft und letztlich ein Beruf fürs Leben.

Das Handwerk lernte Hauser bei deutschen Spitzengastronomen. Besonders geprägt hat ihn seine Zeit mit Eckhart Witzigmann, mit dem ihn eine lange Freundschaft verbindet. Als Sous-Chef und Stellvertreter Witzigmanns in der »Aubergine« konnte er seine Kreativität voll entfalten. Weitere Stationen auf der Karriere-Leiter waren die Zusammenarbeit mit Münchens renommiertem Partyservice Feinkost Käfer, für die er Caterings und Bankette rund um den Globus ausrichtete, und natürlich die Position des Küchendirektors und gastronomischen Leiters des Hotel Adlon in Berlin. Dort organisierte er Feste für die Berliner Polit-Prominenz, den Bundeskanzler, verschiedene US-Präsidenten, die Königin von England und Medienstars.

Im Frühjahr 2002 erfüllte sich Karlheinz Hauser seinen Wunsch, »endlich mal etwas Eigenes zu machen« und zog mit Frau und seinen beiden Kindern an die Elbe. Hier übernahm er die Geschäftsführung und gastronomische Leitung der vollkommen neugestalteten Süllberg-Betriebsgesellschaft.

Und wie sollte es bei einem Sternekoch auch anders sein, es waren wohl die speziellen Zutaten, die den Erfolg ausmachten. Dazu ein fundiertes Konzept, überschäumendes Talent zum kreativen Kochen, viel Liebe zum Detail gemischt mit Perfektion und abgerundet durch ein gutes Team: eine überwältigende Rezeptur.

So ließ der Erfolg nicht lange auf sich warten und aus Hamburgs einstigem gutbürgerlichen Ausflugslokal wurde der »Gipfel der Genüsse«. Es entstand eine einzigartige Mischung aus einem kleinen, aber feinen Fünf-Sterne-Hotel, einem traditionellen Biergarten, einem Bistro mit abwechslungsreicher Küche und einem Michelin-Stern-gekrönten Gourmetrestaurant, das

Seiten 150/151:
Vor dem Besuch des »Seven Seas« haben die Gäste Gelegenheit, sich bei einem Aperitif in der Bar auf die exzellente klassisch-französisch geprägte Küche einzustimmen.

Links:
Ein künstlerisch arrangiertes Dessert, das bereits optisch Vergnügen bereitet und Genuss par excellence verspricht.

Unten/oben rechts:
Auch die Gourmet-Fachwelt schätzt Karlheinz Hausers Kochkunst und hat ihn vielfach ausgezeichnet. Zu den begehrten Auszeichnungen gehören der »Prix Culinaire d'Europe«, der »Michelin-Stern« oder der »Five Star Diamond Award«, den er bereits zum neunten Mal in Folge erhielt.

»Seven Seas«. Wie unterschiedlich die Gäste auf dem Süllberg auch sein mögen, allen gemeinsam ist ihre Freude am Genuss.

Von seinen 80 Mitarbeitern verlangt Hauser täglich Höchstleistungen. Ausgezeichnete Gerichte brauchen einen ebensolchen Service, denn der Patron möchte nicht nur ein guter Gastgeber sein, sondern den Besuch auf dem Süllberg zum unvergesslichen Erlebnis machen.

Denn auch das gehört zur Tradition des Süllbergs. Seit 1850 haben hier Generationen von Hamburgern rauschende Bälle, Hochzeiten und große Familienfeste gefeiert und Momente erlebt, die für immer in Erinnerung bleiben – und so soll es auch zukünftig bleiben.

Links:
Blick vom Este-Sperrwerk am gegenüberliegenden Elbufer auf den Süllberg und Blankenese. Nach dem Essen kann man mit der HADAG-Fähre vom Blankeneser Elbufer nach Cranz übersetzen und von dort zu Touren ins »Alte Land« starten.

Unten:
Hoch über der Elbe kann man im Sommer herrlich draußen speisen. Der Biergarten und die Außenbereiche von Bistro und Gourmetrestaurant sind auf mehrere Terrassenebenen verteilt.

Seiten 156/157:
Der prächtige Ballsaal mit Galerie wurde nach historischen Plänen wieder im glanzvollen Stil der Belle Epoque restauriert. Hier finden Medienereignisse wie die Verleihung der »Goldenen Feder« und andere bedeutende Veranstaltungen ihren festlich und kulinarisch exponierten Rahmen.